서른의 경쟁력은 간절함이다

KI신서 2278

서른의 경쟁력은 간절함이다

1판 1쇄 인쇄 2010년 2월 8일
1판 1쇄 발행 2010년 2월 12일

지은이 김연우 **펴낸이** 김영곤 **펴낸곳** (주)북이십일 21세기북스
출판컨텐츠사업본부장 정성진 **생활문화팀장** 김선미
기획편집 김미경 **영업·마케팅** 최창규 김용환 이경희 노진희 김보미 허정민 김현섭
출판등록 2000년 5월 6일 제10-1965호
주소 (우413-756) 경기도 파주시 교하읍 문발리 파주출판단지 518-3
대표전화 031-955-2100 **팩스** 031-955-2151
이메일 book21@book21.co.kr **홈페이지** www.book21.com **커뮤니티** cafe.naver.com/21cbook

값 12,000원
ISBN 978-89-509-2228-3 03320

꿈을 이루는
7가지 질문

서른의 경쟁력은
간절함이다

김연우 지음

7 Questions

21세기북스

질문으로 당신의 삶을 꽃피워라

"나는 듣고 잊는다. 나는 보고 기억한다. 나는 행하고 이해한다."

이 말은 고대 중국의 격언으로 몸으로 직접 부딪혀본 경험을 통해 세상의 진리를 체득할 수 있다는 뜻이다. 하지만 나는 여기에 하나를 더 추가하고자 한다.

"나는 듣고 잊는다. 나는 보고 기억한다. 나는 행하고 이해한다. 그리고 나는 질문하고 꽃피운다."

이 세상의 모든 것들은 질문을 통해 만들어졌다. 따라서 몸으로 직접 부딪혀본 경험을 통해 세상의 진리를 체득할 수 있다는 중국의 격언을 마음에 새기기 전에 우리가 먼저 기억해야 할 것은 '질문하지 않으면 세상의 그 무엇도 꽃피울 수 없다'라는 것이다.

질문이란 그만큼 중요하며 동시에 어려운 일이다. 세상에는 답을 해석하는 문제지는 많지만, 질문을 해석하는 문제지는 없다. 답을 말하는 것은 쉬운 일이고, 답을 이끌어내는 질문을 던지는 것은 어렵기 때문이다.

질문이 힘이다. 아는 것이 힘이 아니라 질문하는 것이 힘이다. 특별한 성취 없이 인생에 불만만 가득한 당신의 삶을 바꿀 수 있는 유일한 방법은 질문이다. 이 책에서 다양하게 제시된 질문을 바탕으로 이제 당신은 자신이 처한 다양한 상황에서 좀 더 삶의 질을 높일 수 있는 질문을 발견하고, 무너진 당신을 일으켜 세울 수 있을 것이다. 또한 지금까지 '그래 별수 있겠어. 난 여기까지야'라고 생각하며 스스로 한계를 그었던 당신의 나약한 모습에서 탈출할 수 있을 것이다.

우리는 사회생활을 하면서 수없이 무너진다. 이 책은 당신에게 '스트레스를 받았을 때', '수많은 인간관계로 힘들 때', '슬럼프나 매너리즘에 빠졌을 때' 등 여러 가지 힘든 상황에서 질문을 통해 다시 일어설 수 있는 힘을 줄 것이다.

물론 당신을 도와줄 질문을 찾았다고 해도, 그 질문이 한꺼번에 당신의 삶을 변화시키지는 못한다. 한 번 넉넉하게 물을 줬다고 꽃이 활짝 피는 건 아니다. 조금씩 자신을 변화시켜라. 조그만

변화의 조각들이 모여 당신의 삶을 바꿀 것이다. 그리고 당신의 운명을 바꿀 것이다. 그러나 수십 년 동안 지속해온 습관을 한 번에 바꾸기는 어렵다. 조금씩 성취감을 느끼고 달라지는 현실을 인식하며 차근차근 변화하면 된다. 땅 깊은 곳에 묻힌 씨앗은 제아무리 작고 가벼워도 때가 되면 하늘을 향해 제 몸을 드러내고, 무섭게 성장을 거듭한다.

질문은 이러한 씨앗과 같다. 당신 안 어딘가에 잠들어 있는 씨앗과 같은 가능성을 깨워 밝은 빛을 보여주는 것이다. 나는 질문을 통해 지쳐 있는 당신이 다시 일어서리라는 것을 믿어 의심치 않는다. 사람은 누구나 자신에게 필요한 질문만 가지고 있다면, 자연스럽게 그 사람의 인생이 꽃처럼 활짝 피어나는 것을 나는 오랜 경험으로 알고 있기 때문이다.

내가 "질문이 인생을 꽃피운다"고 자신 있게 말할 수 있는 까닭은 사실 질문의 가장 큰 수혜자가 이 글을 쓰고 있는 나 자신이기 때문이다. 나는 모든 게 잘되고 있을 때도 질문을 멈추지 않았다. 아버지가 남기고 떠난 유언은 날 멈출 수 없게 만들었다.

"연우야, 더 잘할 수 있지?"

아버지의 유언은 짧은 한마디였지만, 그 어떤 문장보다 깊고 넓은 질문이었다. 결국 그 하나의 질문이 오늘의 나를 만들었다. 나는 늘 아버지의 유언을 생각하며 '더 잘할 수 있지 않을까?'라고 스스로에게 수없이 질문했다. 그 힘이 아무리 힘들어도 포기하지 않는 나를 만들었다. 또 안주하지 않고 지속적으로 나를 돌아보며 오늘보다 아름다운 내일을 만들 수 있게 되었다.

아버지가 없었다면 이 책도 없다. 내 삶에 있어 '질문'은 '아버지'와 같은 존재다. 아버지가 남긴 질문은 나를 심하게 몰아세우기도 했지만 솜털처럼 부드럽게 감싸 안아주기도 했다. 또한 이 책은 나와 아버지가 만든 기록과도 같다. 따라서 이 책의 첫 장부터 마지막 장까지, 여백마저도 나의 아버지에게 바친다. 그렇게 바쁘게 떠나시면서도 못난 자식이 걱정돼 위대한 질문을 남기고 가신 당신이 그립고, 감사하다.

2010년 2월 김연우, 질문하듯 쓰다

책을 읽기 전에

이 책을 읽기 전에 당신의 현재 모습을 완벽하게 알아야 한다. 누구나 남의 일에는 관심이 많지만 정작 중요한 자신의 모습을 제대로 알지는 못한다. 남의 일에는 참견까지 해가며 질타하는 데 힘을 쓰면서도 정작 자신에게는 관대하지는 않은가? 그렇다면 당신은 세상에서 가장 소중한 자신을 버리고 남의 근심만 걱정하는 사람이다. 당신은 다른 사람과 당신 중 누가 더 소중한가? 만약 자신이 더 소중하다고 생각된다면 이제 남의 근심만 걱정하는 당신의 모습은 버려라. 그리고 다음의 열 가지 질문을 스스로 던져보며 현재 자신의 상황에 대해서 생각해보는 시간을 갖도록 해보자.

- 당신은 다른 사람에게 희망을 주는 사람인가?
- 사소한 것이라도 남의 장점보다는 단점이 눈에 더 잘 띄는가?
- 지금 당신이 하는 일을 진심으로 좋아하는가?
- 성공과 실패 중 어느 것을 더 많이 생각하는가?

- 인생에 대한 자신만의 신념이 있는가?

- 자신을 피해자라고 생각하는가?

- 그 어떤 불행에도 슬기롭게 대처할 자신이 있는가?

- 당신의 약점 세 가지를 지금 당장 이야기할 수 있는가?

- 남의 의견에 쉽게 동조하는가?

- 사는 게 낙이 없다고 생각하는가?

위의 열 가지 질문에 정해진 답은 없다. 정답은 당신이 이미 잘 알고 있다. 이 질문을 통해 당신은 자신을 가장 잘 아는 사람이 될 수 있을 것이다. 물론 위의 질문을 대하는 당신의 태도가 아주 솔직했다면 말이다. 이런 질문을 자신에게 던져보는 시간을 가지는 건 스스로 인생의 주인공이 되기 위함이다. 질문을 통해 삶을 바꾸기 전에 자신의 인생을 지배하는 주인공이어야 한다. 완전하게 자신을 파악하지 못한다면 세상의 어떤 방법을 사용해도 삶을 바꿀 수 없다. 모든 변화는 나를 제대로 아는 것부터 시작되기 때문이다.

Part
01

서른 살의 터닝포인트는
질문으로부터 시작된다

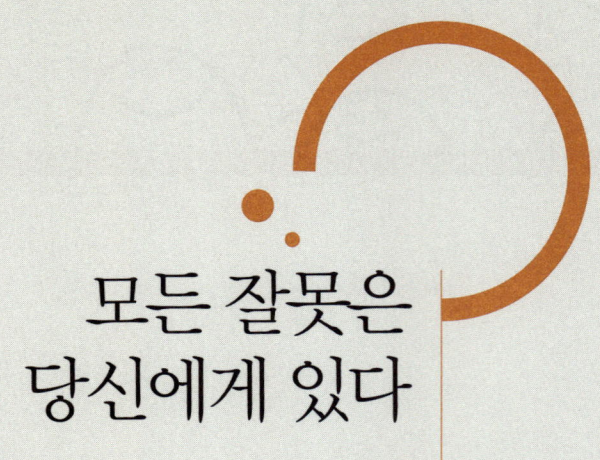

모든 잘못은
당신에게 있다

누구든 성공할 권리가 있고, 집을 살 권리가 있고, 지금보다
더 좋은 차를 타고 다닐 권리가 있다. 하지만 불행하게도 현실은
그렇게 만만하지 않다. 많은 사람들이 집을 사지 못해 전셋집을
전전하며, 원하는 차를 사지 못해 꿈으로만 간직한 채 현실에 맞
추어 살고 있다. 생각해보면 돈이 부족하기 때문에 원하는 것을
얻지 못하는 것이지만, 나는 그들이 원하는 것을 갖지 못하는 데

에는 좀 더 결정적인 이유가 있다고 생각한다.

상담을 하거나 강연을 할 때 나는 제일 먼저 다음과 같은 질문으로 이야기를 시작한다.

"성취를 위해 아무리 좋은 방법을 알고 있다 해도 소용없습니다. 당신의 성취를 가로막는 그 원인을 먼저 아는 것이 순서입니다. 당신의 성취를 불가능하게 만든 것은 무엇입니까?"

이런 질문을 던지면 거의 대다수의 교육생들이 다음과 같은 대답을 한다.

"연차상 이번에 승진이 되었어야 했는데, 날 알아주지 않는 상사 때문에 승진이 밀렸습니다. 승진을 불가능하게 만든 것은 인재를 보는 안목이 없는 상사 때문입니다."

"집을 사려고 은행에서 대출 상담을 했는데, 신용등급이 좋지 않아서 거절당했어요. 덕분에 마음에 두었던 집도 못 샀습니다. 제가 집을 사지 못한 이유는 등급으로 판단하는 이 세상 때문입니다. 언제까지 그놈의 잘난 등급에 제 인생을 맡겨야 하는 걸까요? 이 세상이 원망스럽습니다."

"다이어트를 해서 승무원 시험을 보려고 했는데 체중 감량에 실패해서 시험조차 보지 못했습니다. 제가 취직하지 못한 까닭은 오직 이 저주받은 몸 때문입니다. 물만 마셔도 살이 찌는 이 체질이 제 꿈을 앗아갔습니다."

세상에 많은 사람들이 있는 것처럼 그들의 '탓'도 다양했다. 돈을 벌지 못하면 세상이 어지러운 탓이고, 살을 빼지 못하면 체질 탓이고, 대출을 받지 못하는 건 은행 탓이다. 왜 모든 문제가 자신 안에 있는 것을 알지 못하는 것일까.

그래, 지금 당장은 그걸 몰라도 괜찮다. 하지만 원하는 것을 얻지 못하는 이유를 계속 다른 곳에서 찾다 보면 근본적인 원인을 파악하지 못해 죽을 때까지 남과 세상을 탓하면서 살게 된다. 그게 무서운 일이다. 그런 태도는 살면서 당신에게 더 큰 고통을 주며 서서히 당신의 삶을 파괴해갈 것이다.

당신을 가로막는 세상에서 가장 크고 높은 장애물은 다른 곳에 있지 않다. 바로 당신 자신이 당신을 가로막는 가장 큰 장애물이다. 제아무리 키가 크고 높이 오를 수 있는 점프력을 가졌다고 할지라도 이것저것 불평과 불만을 늘어놓으며 스스로 뛰기를 거부한다면 아무리 작고 보잘것없는 장애물이라도 절대 뛰어넘을 수 없다. '남 탓'으로 이룰 수 있는 건 오직 '불행'뿐이다. 이제 남 탓은 그만하고 지금이라도 당신 스스로에게 질문을 던져보라.

"나는 왜 살이 빠지지 않을까?"
"왜 대출을 받지 못한 걸까?"
"왜 승진을 하지 못한 걸까?"

남 탓을 제외하고, 모든 책임을 자신에게 돌리는 질문을 던져야 올바른 답이 나온다. 결국 가장 올바른 답은 자신 안에 있다. 살이 빠지지 않은 이유는 스스로에게 철저하지 못했기 때문이고, 대출을 받지 못한 이유는 자신의 신용등급을 관리하지 못했기 때문이고, 승진하지 못한 이유는 더 많은 성과를 올리지 못했기 때문이다. 이렇게 답이 나오면 문제를 해결할 수 있는 방안을 찾을 수 있고, 더 발전할 수 있다.

당신의 잘못이 밝혀지는 것을 두려워하지 마라. 모든 잘못은 당신에게 있다. 그걸 인정해야 비로소 질문이 보이고 답도 보인다. 그래야 시작할 수 있다.

당신이 진짜 원하는 것은 무엇인가?

당신이 지금 앞이 보이지 않는 길을 걷고 있다고 가정해보자. 어디로 가야 할 것인가? 당신이 자신에게 던지는 질문에 따라 길의 방향이 달라지고, 당신이 얻는 것도 달라질 것이다. 결과는 당신이 어떤 질문을 던지는가에 달려 있다. 샛길로 갈 것인가, 탄탄대로로 갈 것인가?

지금은 경제 위기의 시대다. 앞이 보이지 않는 길을 걷고 있는 것이나 마찬가지다. 하지만 시기 탓을 하며 포기하고 주저앉을 수만은 없다. 성공한 사람들은 좋은 시기에 업적을 이룬 게 아니라 난세에 업적을 이루어냈다. 한마디로 그들은 보통 사람이 하기 어려운 일을 해냈기 때문에 역사에 이름이 남은 것이다. 당신도 절대 포기하지 말고 현실을 이겨 나가야만 한다. 이쯤에서 그들에게 이런 질문을 하나 던져보려 한다.

**"그들은 어떤 질문을 통해
자신의 삶을 활짝 꽃피운 것일까?"**

그들은 대부분 자신이 진짜 원하는 일을 하며 살았다는 공통점이 있다. 우리는 살면서 여기저기서 "네가 진짜 원하는 일을 해라"라는 말을 정말 지겹게 듣는다. 하지만 그게 말처럼 쉽지가 않다. 자신이 원하는 일을 찾기란 힘들다. 그래서 많은 사람들이 '내가 진짜 원하는 것은 무엇인가?'를 스스로에게 묻기를 두려워한다.

우리는 초등학교 때부터 거의 강제적으로 장래 희망을 말해왔지만 대부분 자신이 하고 싶은 일을 확실하게 알지 못한다. 물론 아무런 목표도 없이 살고 있는 사람들에게는 차라리 그냥 모든 것을 잊고 사는 게 속 편할 수 있다. 또 '거의 모든 사람들이 자신이 뭘 원하는지조차 알지 못하고 또한 찾지 못한 채 그냥 살고 있는데 뭐' 하며 스스로 위안할 수도 있다.

하지만 그런 사람들에게 '당신이 진짜 원하는 것은 무엇입니까?'라고 물으면 '내가 왜 이런 질문에 대답을 해야만 하지?'라고 반문할지도 모른다. 하지만 알베르트 아인슈타인은 이런 말을 하며 질문의 중요성을 강조했다.

"가장 중요한 것은 질문을 멈추지 않는 것이다."

질문이 두렵다고 질문하기를 멈춘다면 앞으로 현재보다 더 안 좋은 상황에 처하게 될 것이다. 인생은 질문하는 방식에 따라 각기 다른 답을 준다. 아무것도 하지 않고 그저 '요행'을 바라고 질문을 던지면 틀림없이 '실패'라는 답을 준다. 그렇다고 지금 당장 힘들다고 멈춰버리면 영영 당신이 원하는 그것을 얻을 기회를 놓치게 된다.

야구를 처음 시작하는 사람이 한 번에 공을 100미터까지 던지기란 불가능하다. 지금 당장은 어깨가 아프고 너무나 막연해 보여도 포기하지 않고 계속 공을 던지다 보면 어느새 100미터를 훌쩍 넘는 공의 궤적을 볼 수 있게 될 것이다. 쉽게 자신이 진짜 원하는 일을 찾기란 힘든 일이다. 하지만 꾸준히 포기하지 않고 생각하다 보면 당신이 진짜 원하는 것을 찾아낼 수 있을 것이며 그에 따른 올바른 질문도 찾게 될 것이다.

조급하게 당장 답이 나오리라는 생각을 하지 말고 여유를 가지고 스스로에게 물어라. 식사를 할 때도, 출근을 하거나 등교를 할 때도 끊임없이 생각의 끈을 놓지 말고 집중해보자. 당신의 머리가 아니라 가슴속에서 질문이 나올 때까지 기다려보자. 그리고 산다는 것은 당신이 진정 원하는 것을 찾아내는 과정임을 잊지 말자.

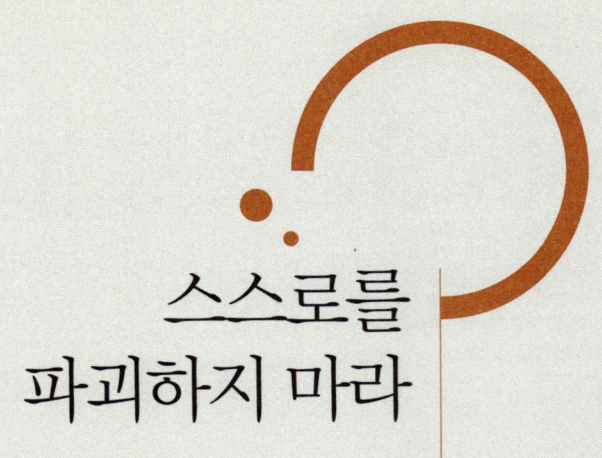

스스로를
파괴하지 마라

사람들은 기대하고 있는 일들이 연속적으로 잘되지 않을 때
곧잘 실망하며 자신을 책망한다.

'그럼 그렇지. 역시 난 안 돼.'

하지만 세상에서 가장 경계해야 할 대상은 타인이 아닌 바로

당신 자신임을 알아야 한다. 세상에서 가장 무서운 적은 당신 자신이다. 당신의 삶은 당신이 말하는 대로 만들어지기 때문이다. 따라서 자책하는 습관은 자신을 파괴하는 나쁜 태도이다. 자책하는 그대로 당신이 만들어지기 때문이다. 자책하는 사람의 특성을 보면 대부분 일을 하기 전에 미리 실패할 것을 걱정한다. 그래서 그들은 실패했을 때 '피해 나갈 구멍'을 만드는 데 열을 올린다. 하지만 그 구멍 때문에 자신의 삶이 조금씩 망가지고 있는 것을 그들은 모른다. 실패보다 위험한 것은 그 핑계를 진실이라고 믿는 어리석음이다. 그들은 '피해 나갈 구멍'을 핑계가 아니라 진실이라 믿기 때문에 훗날 아무리 열심히 일을 해도 발전이 없다.

결국 당신의 성공을 방해하고, 일을 망치고, 앞길을 가로막는 것은 당신이 미워하는 그 누군가가 한 짓이 아니라, 바로 당신이 자신에게 한 짓이다. 그러니 컨디션이 좋지 않을 때나 슬럼프일 때 습관적으로 자책하는 버릇이 있다면 반드시 고쳐야만 한다. 일이 잘되지 않을 때 자책하는 습관으로 자신을 망가뜨리는 사람들은 부정적인 성향이 있으므로 긍정적이고, 희망적인 질문으로 자신의 삶을 다시 정리하는 태도가 필요하다.

이를 테면 '내 능력으로도 그런 걸 할 수 있을까?'라는 자기를 비하하는 질문 대신에 '내 능력이라면 충분하지 않을까?'라는 자신의 능력을 믿는 질문으로 스스로에게 희망의 메시지를 보내라. 그런 생각이 당신이 맡은 일을 조금씩 실현 가능하도록 만드는 힘이다. 기억하라. 형편없는 능력이 형편없는 성과를 만들어내는 게 아니라 형편없는 자신감이 형편없는 성과를 만들어내는 것이다.

우리는 자주 "실패하는 것을 두려워하지 마라"라는 말을 듣는다. 그만큼 실패는 성공을 하기 위해 빼놓을 수 없는 중요한 과정이다. 하지만 아무 생각 없이 그저 똑같은 실패만 반복한다면 실패로서의 의미가 없다. 실패에도 격이 있다. 다시 말해 이번의 실패가 다음에 당신이 성공할 수 있도록 도와주는 튼튼한 버팀목이 되어야만 한다. 실패가 당신을 무너뜨리는 계기가 아닌 소중한 교훈이 되어 당신을 성공으로 이끌어줄 수 있어야만 한다. 어떤 일을 하다가 난관에 부딪혔을 때, 이런 질문을 던져보고 다시 한 번 도전하라.

"다음에 이번과 같은 나쁜 결과가 나오지 않게 하려면
어떻게 해야 할까?"
"이번 경험을 통해 얻을 수 있었던 건 무엇인가?"

이런 질문을 통해 지난 실패를 반성하고, 정리해 나가면서 또 다시 도전한다면 조금 더 성공에 가까워질 수 있다. 실패를 실패로 방치하면 안 된다. 실패를 실패로 방치하다 보면 어느새 불평과 불만이 나오며 자신을 망가뜨리고 있을 것이다. 따라서 성공으로 이끌어주는 질문을 통해 조금 더 빨리 실패를 승리로 바꿔놓을 수 있어야 한다.

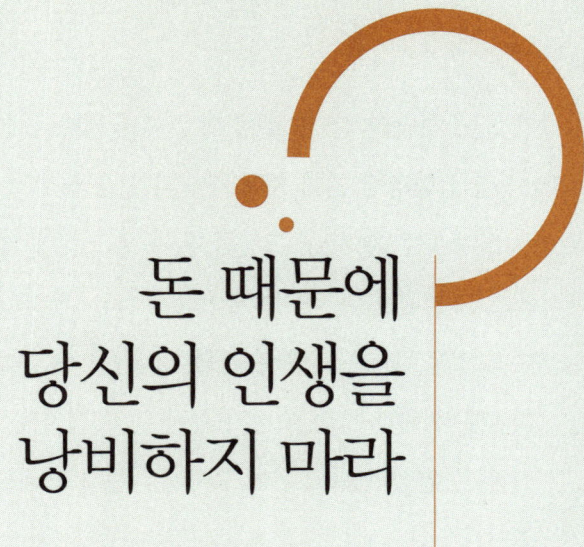

돈 때문에
당신의 인생을
낭비하지 마라

굳이 말하지 않아도 돈은 누구에게나 소중한 것이다. 돈으로 모든 것을 할 수는 없지만 돈은 더 많은 것을 조금 더 쉽게 할 수 있도록 해준다. 모든 게 충분한데 돈이 조금 부족해서 처량하게 무너진 사람들을 나는 자주 봤다. 그렇기 때문에 돈이 부족한 인생을 살다 보면 "그놈의 돈 때문에", "돈이 원수지", "돈만 조금 있었으면……"이라는 말을 자주 하게 된다. 그런 사람들의 삶은 대개 돈에 시달리게 되므로 평생 돈에 끌려다니게 된다.

결국 한평생 돈에 치여 자신의 인생을 살지 못하고 돈의 노예로 살게 되는 것이다. 그만큼 돈이 우리 삶에 결정적인 역할을 하고 있다는 뜻이다. 이제 더 이상 '나도 돈만 조금 더 있었으면 할 수 있었을 텐데……' 라는 푸념이 나오지 않기를 바란다면 당신은 지금부터 내가 하는 이야기를 잘 듣고 실천해야 한다. 일단 아무리 일을 열심히 해도 돈이 모이지 않는다고 불평하는 당신에게 묻겠다.

"당신은 지금 당장 편하게 사는 것이 먼저인가?
아니면 미래의 경제적 안정이 우선인가?"
"과연 지금 당신에게 가장 중요한 것은 무엇인가?"

만약 조금이라도 빠른 시간 안에 경제적인 자유를 얻고 싶거나, 조금이라도 빨리 풍요로운 삶을 살고 싶다면 당신은 지금 당장 편하게 사는 것보다 미래의 안정을 위한 길을 선택하는 게 맞다. 실제로 세상의 거의 모든 부자들은 지금 당장 좀 더 편안한 생활을 누리기보다는 미래의 경제적 안정을 위해 당장의 쓸데없는 소비를 줄인 사람들이다. 결국 아무리 열심히 일을 해도 돈이 모이지 않는 사람들을 잘 살펴보면 버는 만큼 쓰거나, 버는 것보다 더 많은 소비를 하고 있다는 공통점이 있다.

간단하게 말하자면 돈에 구애받지 않는 부자가 되는 데는 두 가지 방법이 있다. 소비를 줄이든지 아니면 돈이 나오는 구멍을 늘리거나 확장하는 것이다. 그렇다면 답은 간단하다. '더 벌 것인가' 혹은 '덜 쓸 것인가'를 고민하고 하나를 실천하는 것이다. 이때 목표를 세워야 하는데, 목표를 제대로 세우는 것도 중요하지만 가장 중요한 것은 처음 목표를 잊지 않는 것이다. 우리는 대부분 초심을 잃어버리기 때문에 실패한다. 경제적인 자유를 얻고 싶다던 결심이 흔들리는 매 순간마다 이런 질문을 던져보라.

"내일 갑자기 수입이 끊기면 당장 어떻게 살지?"
"병이 들어 더 이상 일하기 힘들면 무슨 돈으로 살지?"

아마 이런 질문을 하는 순간 막막해질 것이다. 아니 이런 질문을 하는 순간 숨이 막히고 힘들게 살아갈 날이 그려져 눈앞이 깜깜할 것이다. 이것은 비단 당신의 문제만은 아니다. 아니 이 시대를 사는 거의 모든 직장인들이 이 질문에서 자유롭지 못할 것이다. 매달 입금되는 돈이 갑자기 들어오지 않는다면 밀린 카드 값과 자동차 할부 값 등 수없이 많은 고정 지출을 제대로 감당하지 못해 곧 신용불량자가 될 것이기 때문이다.

더구나 갑작스러운 사고나 해고 통지에서 자유로울 수 있는 사람은 더더욱 없을 것이다. 그래서 이런 상황을 여유롭게 웃어넘길 수 있는 사람이 바로 진정한 경제적인 자유를 얻은 사람이다. 갑작스런 사고나 해고 통지가 당신의 인생을 당신이 원치 않는 방향으로 끌고 간다면 얼마나 불행한 일이겠는가. 가난은 인간의 모든 정신을 피폐하게 만들어버린다. 돈 때문에 불행한 인생을 살고 싶지 않다면 늘 미래에 경제적인 자유를 얻기 위해 질문을 던지며 돈을 쌓아두는 삶의 태도가 필요하다.

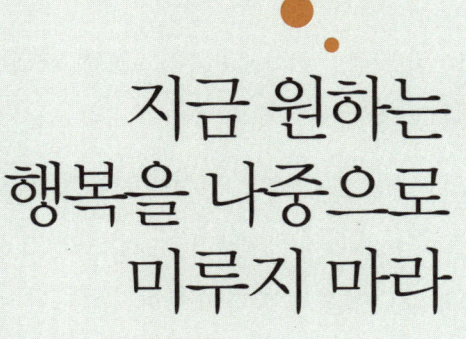

지금 원하는
행복을 나중으로
미루지 마라

어느 날 대기업에서 기획팀장으로 일하는 친구 하나가 나를 찾아왔다. 그는 연봉 7000만 원 이상을 받고 있고 직장에서도 유능함을 인정받아 부서가 생긴 이래 최연소 팀장이 되었다. 그런데 그가 나를 찾아와 처음 꺼낸 말은 놀라웠다.

"나 행복하지가 않아. 이렇게 살아도 되는 걸까?"

그는 연봉 이외에도 회사에서 주는 다양한 혜택을 누리고 있었고, 멋진 차와 크진 않지만 자신의 명의로 된 아파트도 한 채 가지고 있었다. 게다가 직장에서도 인정을 받고 있으니 곧 임원이 될 가능성도 높았다. 덕분에 사내에서는 그를 따르는 부하 직원도 상당히 많았다. 그런데 그런 그가 행복하지 않다니 나는 쉽게 이해되지 않아 물었다.

"왜 행복하지 않은 건데?"

그의 대답을 듣고 나자 그가 왜 행복하지 않은지 이해가 되었다. 그는 아침에 일어날 때마다 회사를 그만두고 싶다는 생각을 했다고 한다. 결국은 출근하게 되지만 자신의 삶이 뭔가 크게 잘못돼가고 있는 느낌을 지우지 못했다. 그의 이야기를 다 듣고 나서 나는 다시 물었다.

"그럼 지금이라도 네가 행복해지는 일을 하면 되잖아."

그러자 그는 한숨을 쉬며 말했다.

"그게 말이 된다고 생각하니? 그럼 내 아파트 대출금은? 자동차 할부금은? 그건 어떡하라고? 싫어도 다녀야지. 회사를 관두면 내 인생은 완전히 끝나."

"네가 가지고 있는 아파트랑 자동차가 너를 행복하게 만들어주지 않는데 왜 그것에 얽매이는 거야. 네가 행복해지는 일을 시작해봐. 한번 너에게 물어봐. 네가 가장 행복할 때가 언제인지. 생각만 해도 저절로 웃음이 나오는 일이 무엇인지 말이야."

내 말을 들은 친구는 '나는 무엇을 할 때 가장 행복한가?'를 스스로에게 물었다. 그렇게 서로 말 없이 10분 정도의 정적이 흐른 뒤 친구가 밝은 얼굴로 내게 말했다.

"그래 바로 그거야. 난 기획에 대한 강의를 하고 싶었어. 그게 나를 웃음 짓게 만들어."

그 순간 친구는 자신의 행복을 찾았다. 그가 지금 다니는 회사에 입사한 것도 남들은 어렵게 생각할지 모르지만 그에겐 기획에 대한 남다른 애정이 있었고, 다른 건 모르지만 기획을 하며 며칠 밤을 새워도 행복을 느꼈기 때문이었다. 하지만 입사 초기와는 달리 이젠 기획에만 몰입할 수 없고, 팀장으로서 직원들을 관리해야 하고, 업무 이외의 것들에 더 많은 시간을 빼앗기게 되자 자신의 삶에 회의를 느낀 것이다.

하지만 기획 관련 강의는 그에게 딱 맞는 일이었다. 기획 이외의 것들은 신경 쓰지 않아도 되고, 본래 다른 사람 앞에 나가 이야기하기를 좋아했던 성격이니 금상첨화였다. 그는 망설이지 않고 바로 사표를 냈다. 그리고 그 뒤 3년이 흐른 지금, 그는 가끔 방송에도 얼굴을 비치고 있고, 직장인들 사이에서는 제법 이름이 잘 알려진 자기계발 강사가 되었다. 물론 직장에 다녔을 때 받던 연봉 이상의 수입을 올리고 있으며 무엇보다 중요한 건 친구의 얼굴에서 웃음이 떠나지 않고 있다는 사실이다. 그는 이제야 비로소 그의 진짜 삶을 찾은 것이다.

"지금 시작하기엔 너무 늦은 것이 아닐까?"
"당장 통장에 입금되는 월급이 완전 소중한데."

핑계와 변화에 대한 두려움을 벗어던지자. 나는 경험으로 알고 있다. 어떤 일에서 한번 성공을 경험한 사람은 다른 일도 성공할 확률이 높다. 성공에 있어 재능은 그리 많은 부분을 차지하지 않기 때문이다. 중요한 것은 그 일을 할 때 얼마나 행복한지, 얼마나 열심히 일할 수 있는지, 얼마나 절실한지다. 지금 당신의 행복을 찾아라. 그 행복이 당신의 삶을 단단하게 만들어줄 것이다.

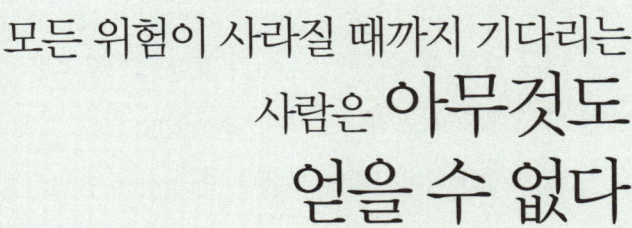

모든 위험이 사라질 때까지 기다리는
사람은 **아무것도**
얻을 수 없다

지금 당신이 다니는 회사가 '망하는 중'이라고 가정해보자. 대부분의 사람은 망하는 느낌이 오자마자 회사를 그만두고 이직을 하거나 눈치를 보며 회사를 다니면서 틈틈이 구직활동을 하며 언제라도 회사를 떠날 준비를 한다.

하지만 반대로 아무리 시간이 흘러도 회사를 그만두지 않는 직원이 있다. 그는 계속 생각만 하고 있다. '다른 회사로 옮겼는데 그 회사에 잘 적응하지 못하면 어쩌지?', '창업을 했는데 망하면 어떡해?', '나만 바라보고 있는 가족을 생각하면 이대로 망하는 회사에 있을 수는 없는데 어쩌지?' 그는 많은 사람을 만나 고민을 상담하지만 결국 아무 데도 가지 못하고 회사가 망할 때까지 혹은 미련하게 해고를 당할 때까지 그 자리에 계속 남아 있다.

내가 알고 있는 후배의 이야기를 해보겠다. 집안이 부유해서 이십 대 초반부터 부모님이 돈을 대줄 테니 창업을 하라고 했다. 하지만 그 후배는 막무가내로 창업을 하면 금방 망할지도 모른다고 생각으로 일단 창업하고 싶은 업종에서 1년 정도 일하며 기술을 익힌 후 창업을 하겠다고 했다. 나는 처음 이 말을 들었을 때 정말 맞는 말이라고 생각했다. 그리고 좋은 자세라고 생각했다. 그런데 후배는 1년 정도 아르바이트를 하더니 이런 말을 하는 게 아닌가.

"이 일은 비전이 없어. 시기를 타서 돈 벌이가 안 되네. 역시 계절 장사는 너무 위험해."

그럴 수도 있다고 생각했다. 마냥 아무거나 시작할 수는 없으니 말이다. 그리고 곧 후배는 다른 업종을 선택했고, 다시 아르바이트를 하기 시작했다. 그리고 세월은 흘러 12년이 지났다. 결국 후배는 열두 개의 아르바이트를 했다. 그의 불평은 이랬다.

"프랜차이즈는 본사에 로열티를 너무 많이 줘서 안 돼", "돈은 되는데 몸이 너무 힘들어서 안 돼", "내 친구가 해봤는데 망했어", "다 좋은데 만약 잘 안 되면 어쩌지?", "지금은 불경기라 3년 후쯤 시작해야겠어".

결국 그 후배의 소극적인 자세는 12년 동안 아르바이트만 하게 만들었다. 지금은 창업을 위해 돈을 주겠다는 부모님에게는 남은 돈이 없다. 부모님은 이미 후배의 형과 누나에게 창업 자금을 대주고 귀농하여 농사를 지으며 살고 있기 때문이다. 이제 후배에게 남은 것은 12년에 걸친 열두 번의 아르바이트 경험과 30대 중반의 나이다. 그리고 천만 원이 채 되지 않는 통장 잔고가 전부다. 후배는 이제 취직도 할 수 없고, 창업도 할 수 없는 상황에 있다. 그렇다고 그 나이에 아르바이트 자리를 구하기도 쉽지 않다.

무언가를 시도할 때 너무 많은 생각을 하지 마라. 공을 차지 않으면 골인이 될 확률은 0퍼센트지만 아무리 약한 힘이라도 일단 골대를 향해 골을 차면 골인이 될 가능성이 생긴다. 안 될 상황을 예상하고 미리 겁먹지 마라. 성공은 수많은 위험 요소를 배제하고 얻는 것이 아니라 물리치고 얻는 것이다.

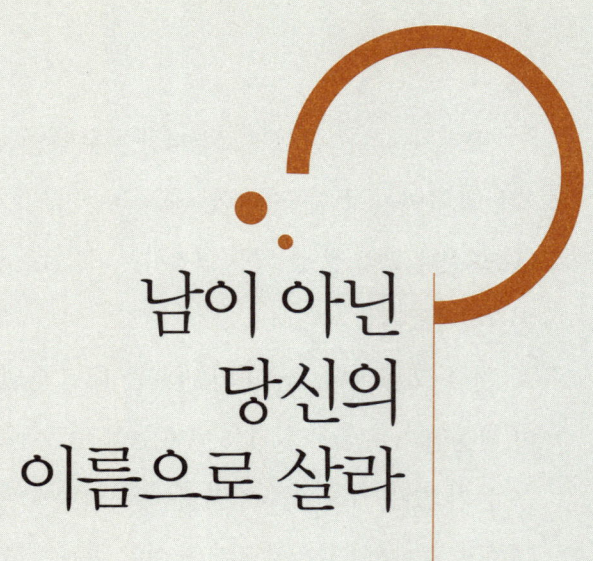

남이 아닌
당신의
이름으로 살라

실패한 후 대부분의 사람은 실패에 대한 책임을 떠넘긴다.
'나도 저 사람처럼 태어났다면 얼마나 좋을까?', '내게도 저 사람
이 가진 게 있었더라면 좋았을 텐데'와 같은 실패에 대한 핑계를
대며 자신은 책임이 없다고 말한다. 또 누군가 이런 핑계에 대해
핀잔이라도 주려고 하면 바로 이렇게 말하며 상대방의 입을 다물
게 만든다.

"네가 나를 어떻게 알아? 네가 나처럼 살아봤어?"

물론 태어난 그 순간 자신이 어찌할 수 없이 안고 가야 할 환경적인 부분도 있다. 그러나 두 사람이 똑같은 환경에서 똑같은 재능을 타고나도, 심지어 똑같은 부모님에게서 태어났어도 두 사람이 가는 길은 전혀 다를 수 있다. 같은 부모에게서 태어났지만 전혀 다른 삶을 사는 형제에 대해 이야기해보겠다.

이들은 쌍둥이 형제로 내 고등학교 동창이다. 고등학교를 졸업하고 한 번도 만나지 못했는데, 3년 전에 동창회에 나가 이들을 만날 기회가 있었다. 부모의 식습관까지 똑같이 타고난 이들은 고등학교 때까지도 음식을 자제하지 못해 정상 체중에서 10퍼센트 이상이 초과된 비만의 몸매를 유지하고 있었다. 그런데 3년 전에 본 형제의 몸은 달라져 있었다. 아니 정확하게 말하면 두 사람 중 한 명의 몸이 아주 날렵하게 달라져 있었다. 그 이유가 궁금했던 나는 살이 빠진 동창에게 다가가 어떻게 살이 빠졌는지 이유를 물었다. 그러자 그는 이렇게 답했다.

"고등학교 때까지는 살이 왜 찌는 건지 살이 찌면 몸의 어디가 안 좋아지는지 몰랐어. 그런데 우연히 건강에 대한 책을 읽게 되었고, 흥미가 있어 그 책을 끝까지 다 읽게 되면서 건강의 중요성을 알게 되었지. 운동에 취미를 붙이고, 몸에 좋은 음식을 적당하게 먹으니까 살이 저절로 빠지게 되던데.”

날렵해진 동창의 이야기가 끝나자마자 어디서 나타났는지 그의 살찐 형제가 나타나 불만 섞인 듯한 말투로 이렇게 이야기를 던졌다.

“얘는 나랑 형제가 아닌가 봐. 솔직히 쟤가 읽었다던 건강에 대한 책을 나도 읽어봤는데 중간까지 읽다가 던져버렸어. 어차피 살이 찌는 것도 체질인데 어쩌라고. 그리고 체질이 이런데 운동을 한다고 살이 빠지겠어? 에이, 아무래도 쟤는 특이 체질이야.”

나는 놀라움을 금치 못했다. 실패한 사람은 반드시 실패에 대한 책임을 져야 한다. 그것은 자책을 하라는 것이 아니다. 실패에 대한 이유를 밝혀내고 다음번 시도에 성공을 하기 위한 책임을 말하는 것이다. 하지만 불평과 불만을 가진 사람들은 실패를 해도 책임을 질 줄 모른다. 모든 건 세상 탓, 집안 탓, 부모 탓이기 때문이다. 그 쌍둥이 형제 중 한 명처럼 실패하는 사람은 평생을 자신이 가지지 못한 것에 불만을 가지며 살아가고, 성공하는 사람은 평생을 자신이 가지지 못한 것을 갖기 위해 노력하며 하나하나 채워가는 삶을 살 것이다. 그렇다면 어떻게 하면 스스로 책임지는 인생을 살 수 있을까? 답은 간단하다. 지금 불평과 불만으로 가득한 당신의 삶에 이런 질문을 던져보라.

"지금 내가 살고 있는 인생, 이건 진짜 내 삶인가?"

당신이 잘못하면 누구 책임인가? 당연히 당신의 책임이다. 그런데 그걸 다른 사람에게 돌린다면, 그건 무엇을 뜻하는 것인가? 당신의 인생이 다른 사람의 것이라는 뜻인가? 당신은 결국 다른 사람의 종으로 살고 있다는 뜻인가? 당신이 세상을 탓하면 당신의 인생은 세상의 것이고, 당신이 동료를 탓하면 당신의 인생을 동료의 것이라고 생각할 수밖에 없다. 당신은 언제까지 당신의 인생을 다른 사람에게 맡기려고 하는가? 당신의 인생은 당신의 것이다. 이제 당신의 인생은 당신이 가져라.

질문 습관,
간절함을 이루는 힘

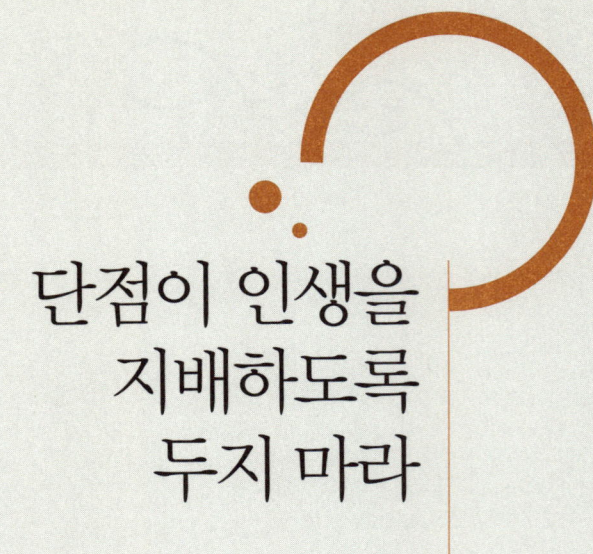

단점이 인생을
지배하도록
두지 마라

사소한 결점 하나가 인생을 지배할 수 있다. 산소에 벌초하러 갔을 때 '이 정도면 되겠지' 하며 조금 남겨둔 잡초가 1년 뒤에 다시 왔을 땐 무성하게 자라 산소를 뒤덮고 있는 것을 본 적이 있을 것이다. 인간의 결점 역시 마찬가지다. 사소하다고 생각하고 그냥 두었던 결점 하나가 점점 커져 인생을 통째로 지배할 수도 있다. 그래서 우리는 누구나 자신의 장점보다는 결점을 더 잘 파악하고 있어야 한다.

우리 안에는 우리를 성공한 사람으로 이끄는 잠재성과 실패한 사람으로 이끄는 잠재성이 공존한다. 따라서 성공을 위해 손을 뻗을 것인지, 실패를 위해 손을 뻗을 것인지는 결점을 대하는 당신의 선택에 달려 있다. 하지만 결점은 숨어 있는 잡초처럼 찾기가 쉽지 않으므로 되도록 정기적으로 이런 질문을 던지며 결점을 찾아내고 고쳐 나가야 한다.

"오늘 내가 보낸 하루 동안 고쳐야 할 습관은 무엇이 있었나?"
"혹시 내 단점이 나의 인생을 지배하고 있는 건 아닌가?"

그런 질문을 통해 자신의 결점을 끊임없이 발견해내고 고쳐 나가야 한다. 물론 그것은 불편하고 귀찮기도 하겠지만 무엇보다 결정적으로 피하고 싶은 일이기 때문에 쉽지 않다. 남에게만 결점이 있는 줄 알았지 자신에게도 이렇게 많은 결점이 있었다는 것을 알게 된 순간 회피하고 싶은 생각이 들기 때문이다.

결국 일부만 바뀌거나 바뀐 척 할 뿐이다. 그러나 지금보다 좀 더 발전된 인생을 이끌고자 한다면 자신의 결점을 정면으로 바라봐야 한다. 자신의 결점을 마주하는 잠깐의 고통은 잊고, 이왕이면 좀 더 완벽하게 자신의 결점에 대해 알 필요가 있다. 그렇기 때문에 생활 속에서 아주 작은 부분이라 할지라도 끝없이 질문하고 결점을 발견해내는 훈련이 필요하다. 그래도 힘들다면 만족스러운 삶을 살지 못하는 자신에게 이렇게 질문해보라.

"나는 왜 이렇게 사는가? 왜 변화하지 못하는가?
그리고 왜 변화해야 하나?"

당신은 변해야 한다. '장점을 아는 것은 필요하지 않다'라는 사실을 받아들여야 한다. 이미 당신의 장점은 당신 인생에 큰 도움을 주고 있기 때문이다. 문제는 당신에게 해로운 요인이 되는 결점을 알고 수정해 나가는 것이다. 그 이유에 대해서 자신에게 '왜?'라는 질문을 끊임없이 던지며 숨어 있던 결점이 나타나게 하라. 그러면 당신 삶에 있는 장점이 나가고, 당신이 진정 알아야 할 결점들이 당신 앞에 자리 잡게 될 것이다.

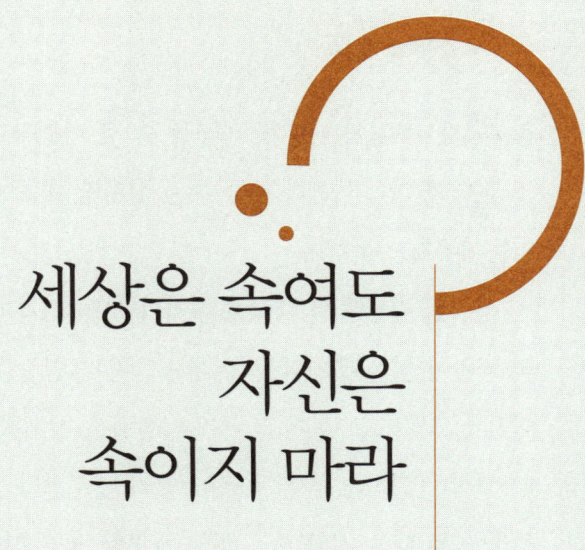

세상은 속여도
자신은
속이지 마라

"내게도 저런 인맥이 있었다면 좀 더 잘할 수 있었을 텐데."

사회생활을 하다 보면 인맥이 중요하다는 이야기를 자주 듣는다. 그런데 정말 인맥이 그렇게 중요한 것일까? 내 경우를 생각해보면 인맥은 내 인생에서 거의 도움이 되지 못했다. 아니, 인맥이 한 일은 거의 없다고 봐도 된다. 되돌아 생각해보면 인맥이 아니라 '내가 한 일이 나에게 성공을 준 것'이었다. 인맥은 '될 일'을 조금 더 빨리, 더 쉽게 해줄 수는 있지만 애초에 안 될 일을 되게 만들어주지는 못했다.

성공한 사람들의 행적을 따라가 보면 거기에 인맥은 없다. 오직 일만이 있을 뿐이다. 그런데도 많은 사람들은 "나는 인맥이 없어서 안 돼"라고 말한다. 이런 사람들은 성취를 위해서 지금보다 더 열심히 일하고 싶은 마음이 없기 때문이다. 우리가 가끔 스스로를 속일 때는 지금 하고 있는 것보다 쉽고 편하게 일을 하고 싶은 마음이 들 때다. 인맥을 위해서라는 핑계로 밤새 사람들을 만나고 다니며 술을 마시고, 방탕한 생활을 하는 것은 단지 당신에게 일에 대한 열정이 사라졌기 때문이다. 인맥은 당신이 다 만들어놓은 일을 조금 더 빨리 작동하게 만들어주는 역할을 할 뿐, 성공하기 위해서 꼭 필요한 조건은 아니다.

오래전 나는 첫 책을 내려고 한 달 동안 50개가 넘는 출판사에 원고를 보냈지만 출판하고 싶다는 곳은 단 한 군데도 없었다. 그때 나도 다른 사람들처럼 이렇게 생각하며 나를 정당화했다.

'난 출판에 전혀 인맥이 없기 때문에 이런 거야. 나보다 못한 사람들도 다 책을 내는데.'

하지만 내 생각을 완전히 뒤바꿔놓는 일이 일어났다. 50개 이상의 출판사에서 딱지를 맞은 원고를 70퍼센트 이상 수정해서 완전히 다르게 만들어 규모가 좀 큰 열 곳의 출판사에 원고를 보냈다. 내 삶의 전환점은 그때였다. 열 곳의 모든 출판사에서 연락이 왔다. 그 후 나는 몇 권의 책을 더 내고 출판사와 관계를 맺다 보니 많은 편집자들과 알고 지내게 되었다. 하지만 편집자와 친분이 있다고 해서 아무도 거들떠보지 않는 원고를 책으로 만들어주지는 않는다. 단지 될 만한 원고를 조금 더 빨리 책으로 나올 수 있게 해줄 뿐이다.

인맥은 중요하지 않다. 그 시절 나는 책을 내지 못했지만 주변의 지인들이 책을 낼 수 있었던 까닭은 그들이 인맥이 있어서가 아니라 그들이 나보다 잘했기 때문이다. 성공의 조건은 당신이 무슨 일을 하고 있고, 얼마나 잘하고 있는지에 달려 있다.

남을 속이는 것보다 위험한 것은 자신을 속이는 일이다. 인맥이 없거나 환경이 안 좋아서 성공하지 못했다고 자신을 속이지 말자. 결국엔 모두 당신에게 달려 있음을 알아야 한다. 이탈리아의 대화가였던 미켈란젤로 역시 마찬가지였다. 그는 그 유명한 천지창조 천장화를 그릴 때 무려 4년 동안이나 사람들의 출입을 통제하고 성당에 틀어박혀 그림에만 매달린 것으로 유명하다. 그만큼 전력을 다해 그림을 그렸다. 어느 날 그는 고개를 뒤로 젖힌 채 불편한 자세로 천장의 한쪽 구석에서 그림을 그리고 있었다. 그런 그를 보면서 한 친구가 그에게 물었다.

"잘 보이지도 않는 구석에 뭘 그렇게 정성을 들이는 거야?
네가 완벽하게 그렸는지 아닌지 누가 알기나 하겠어?
아마 관심도 없을 텐데. 힘들게 왜 그래. 그냥 대충 그려."

그러자 미켈란젤로가 그림을 그리며 간단하게 대답했다.

"바로 내가 알지."

미켈란젤로는 세상은 속여도 자신은 절대 속일 수 없음을 알고 있었다. 그런 태도 덕분에 세상의 어떤 화가보다 자신에게 인정받기를 바라며 그림을 그렸다. 세상 모두를 속일 수 있더라도 자신만은 속일 수 없다는 걸 잘 알았기 때문이다. 결국 그 태도가 지금 최고의 명성을 가진 그를 만든 것이다.

어떤 불평이든 내뱉을 수는 있지만 그것을 자신을 속이기 위한 방법으로 사용하면 안 된다. 언제나 자기 자신에게 당당할 수 있도록, 다른 사람이 아니라 자기 자신이 지켜보고 있다는 생각으로 모든 일에 임하는 정신 자세가 당신을 무너지지 않게 만들어준다.

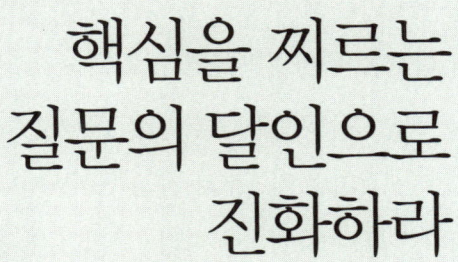

핵심을 찌르는 질문의 달인으로 진화하라

달인이 뭔지 완벽하게 정의할 수는 없다. 하지만 '달인'이라는 단어는 어떤 일에 있어서 남들보다 현격하게 실력이 뛰어난 것을 의미한다. 천재는 타고나지만 달인은 끊임없는 연습을 통해 만들어지므로 누구든 포기하지 않는다면 달인이 될 수 있다. 그래서 우리는 '천재'가 아닌 '달인'이라는 말에 희망을 걸 수 있다. 달인은 특별한 능력을 타고난 사람이 아니라 길을 알고 노력한 자가 이룰 수 있는 것이기 때문이다.

달인이 되는 게 어려운 것만은 아니다. 사람은 무슨 일을 시작하려고 결심하는 순간 달인이 될 수 있는 길에 들어설 수 있는 자격을 얻게 된다. 하지만 모든 사람이 달인이 되는 것은 아니다. 무엇이든 처음 하는 일은 손에 잡히지 않게 마련이다. 어린아이가 걸음마를 배우는 것처럼 기초부터 차근차근 밟아나가는 정신 자세가 필요하다. 이때 마음가짐에 따라 '달인이 될 것인가, 평범한 사람으로 머물 것인가'가 정해진다.

"이 정도면 됐지?"

"아니, 이왕 시작한 거 조금 더 해야 되는 게 아닐까?"

이 두 가지 질문으로 인해 당신은 전혀 다른 길로 가게 될 것이다. "이 정도면 됐지?"라는 질문을 던진 사람은 더 나아지겠다는 생각을 접고, 지금 자신의 실력과 비슷한 사람과 어울리며 재미 삼아 게임을 할 것이다. "조금 더 해야 되는 게 아닐까?"라고 질문을 던진 사람은 연습의 강도를 조금 더 높이거나 자신보다 월등하게 잘하는 친구들을 만나며 실력을 키워 나갈 것이다.

이런 질문은 우리네 삶에서 끊임없이 생긴다. 운동뿐만 아니라 직장에서도 학교에서도 마찬가지다. 아무리 놀라운 재능을 타고나도 훈련하지 않으면 무용지물이다. 언제까지 현실에 안주하며 살 것인가? 흉내만 낼 수 있는 능력에 만족하며 그럭저럭 하루를 보내며 쉴 것 다 쉬고, 의욕 없는 삶을 살 것인가? 당신의 질문 능력을 끌어올려라. 모든 성공의 길은 당신의 질문에서 시작한다. 이제 지금부터 제시하는 다양한 질문 사례를 통해 질문에 대해 공부하고, 훈련해서 자신의 것으로 만들자.

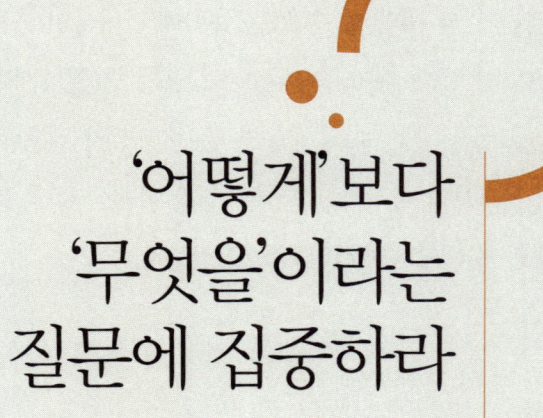

'어떻게'보다 '무엇을'이라는 질문에 집중하라

아인슈타인은 "핵의 파괴로부터 이 세상을 구할 수 있는 시간이 한 시간만 주어진다면 당신은 무엇을 하겠느냐?"라는 질문을 받고 이런 대답을 했다.

"55분은 주어진 문제를 분석하고 이해하는 데 힘을 쏟을 것이고, 나머지 5분 동안에는 아이디어를 떠올리겠다."

좀 극단적인 질문이었지만 아인슈타인은 죽음의 순간에 이성을 잃고 방황하거나 포기하지 않고, 주어진 문제를 정확하게 분석하고 나머지 시간은 스스로에게 던지는 질문을 통해 아이디어를 떠올리겠다는 의지를 말한 것이다.

직장생활 역시 마찬가지다. 보통의 직장인들은 갑자기 닥친 문제에 대해서 난감해 하면서 대부분 어쩔 줄 몰라 한다. 하지만 인정받는 직장인들은 먼저 문제부터 분석하기 시작한다. 삶을 변화시키기 위해서 가장 먼저 해야 할 것이 자신을 완벽하게 아는 것이다. 마찬가지로 어떤 일을 해결하기 위해서도 먼저 알아야 할 것이 일에 대한 기본 지식과 본질이다. 그 다음이 바로 해결 방안을 찾아내기 위한 끊임없는 질문이다. 물론 처음부터 100퍼센트 문제를 해결할 수 있는 아이디어가 나오지 않을 수도 있다. 하지만 가장 어리석은 것은 같은 문제를 겪으며 계속 같은 이유로 실패하는 것이다.

문제를 대할 때 그것을 연구하고 질문을 통해 끊임없이 해결할 방안을 찾는 사람들은 결코 같은 이유로 실패하지는 않는다. 안 되는 것들을 조금씩 제거해 나가며 결국 누구보다도 먼저 해결 방안을 찾아낸다. 결국 난관에 봉착할 때 그 문제를 풀기 위해서는 사고의 수준을 조금 더 높일 수 있는 질문을 던지며 해결 방안을 찾아 나가는 것이 난관을 헤쳐 나갈 수 있는 최고의 방법이다.

질문 공부는 '무엇을' 할 것인지 생각해보는 것에서부터 시작된다. 그게 기본이다. 우리가 매일 하는 일 중에는 어떻게 하는 줄도 모르고, 아니 거의 무의식적으로 하는 행동들이 많다. 밥 먹을 때 젓가락과 숟가락을 쓰는 일과 숨을 쉬는 일 등 무의식적이고 반복적으로 행동하는 것들이 많다. 당신에게 한 가지 질문을 해보겠다.

"당신은 어떻게 숨을 쉬고, 어떻게 젓가락과 숟가락을 사용하는가?"

'어떻게'라는 질문을 받은 당신은 아마 '이걸 어떻게 설명해야 하지?'라고 스스로에게 물으며 잠시 고민할 것이다. 그러곤 숨 쉬는 것에 집중하며 숨 쉬는 과정을 관찰할 것이고, 마찬가지로 밥 먹는 장면을 떠올리며 숟가락과 젓가락을 드는 장면을 상상하며 생각을 덧붙여 설명하려 애쓸 것이다. 그렇다. 많은 사람들의 경우 어떤 일을 '어떻게'로 설명하는 것은 어려운 일이다. 그렇다면 이번엔 '어떻게?' 대신에 '무엇을?'이라는 질문으로 생각해보자.

일단 마음이 가벼워질 것이다. 이제 설명할 수 있는 길이 선명하게 보이기 때문이다. "숨을 쉬는 것은 코나 입을 통해 공기를 들이마시고 내쉬는 행동을 반복한다. 먹고 싶은 반찬을 발견하고 오른손이나 왼손의 손가락을 이용해 젓가락을 잡고 반찬으로 이동해 집어서 입으로 넣는다. 숟가락은 반찬이 입에 들어가면 밥이나 국이 담긴 그릇으로 이동해 먹고 싶은 양만큼 담고 입으로 넣는다"로 말할 수 있다.

그렇다면 이제 '무엇을'과 '어떻게'를 당신의 삶에 대입해보자. 앞서 설명했듯 '어떻게'라는 질문은 행동을 머리로만 생각하게 만든다. 하지만 '무엇을'이라는 질문은 생각이 아닌 행동을 실천하게 만든다. 중요한 것은 생각이 아닌 실천이다. "당신은 부자가 되기 위해서 어떻게 했습니까?"보다 "당신은 부자가 되기 위해서 무엇을 했습니까?"가 더욱 실천 가능한 방법을 얻을 수 있는 질문이다.

제아무리 온갖 경험을 다하고 부자가 된 사람이라 할지라도 '어떻게'라는 질문에는 '열심히'라는 대답 이외에는 할 말이 없을 것이다. 하지만 '무엇을'이라는 질문을 받는다면 답은 달라진다. '영화를 재미있게 보는 방법', '통장을 만드는 방법', '전세대출을 받는 방법' 등 실제적인 방법을 들 수 있다. 또 이것은 모두 당장 실천 가능한 방법이라 현실적인 도움이 된다. 결국 '어떻게'를 생각하고 상상하는 것보다 '무엇을'에 집중하여 지금 바로 당신이 하고 싶은 것을 실천에 옮기는 자세가 필요하다. 아직 뭘 해야 할지 모르겠다고 내 인생을 '어떻게 하지?'라고 묻지 말고, 내 인생을 위해 '무엇을 해야 할까?'를 물으며 길을 찾아라. 그게 무너지지 않는 당신의 삶을 위한 든든한 경쟁력이 돼줄 것이다.

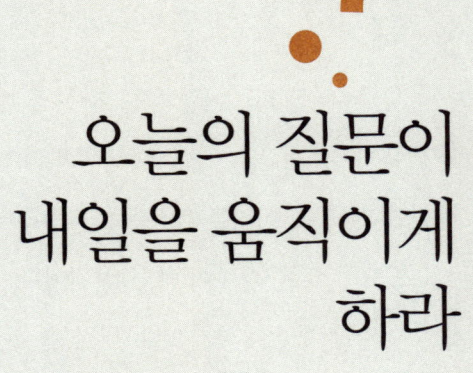

오늘의 질문이
내일을 움직이게
하라

우리 주변에는 이상하게도 '긍정적인 것' 보다는 '부정적인 것'
들이 많다. 모든 언론 매체에서 보도하는 기사 중 '80퍼센트 이상
은 부정적인 기사'라고 한다. 그도 그럴 것이 방송 역시 온갖 부정
에 대한 것들을 취재해서 고발하는 프로그램은 많은 반면 따뜻하
고 아름다운 방송은 적은 편이다. 또 조사 결과에 따르면 어린아
이들은 열두 살이 될 때까지 어른들에게 '된다'는 가능성을 열어

주는 말보다는 '안 된다'는 불가능한 이미지를 심어주는 말을 더 자주 듣는다고 한다. 물론 나는 여기서 긍정의 힘을 강조하자는 것이 아니다. 이런 것들이 핑계를 가진 사람들의 단골 변명거리가 되기 때문에 문제다. 그들의 말을 들어보면 이렇다.

"수많은 부정적인 기사와 이야기들을 접하면서 우린 자신감을 잃게 되고, 우리가 처음 가졌던 목표를 점점 잃게 됩니다. 부모님이 내게 가장 자주 했던 말은 '된다'는 말보다 '안 된다'는 말이었습니다. 세상에 되는 건 거의 없었습니다. 게다가 직장에서는 매일 '넌 언제쯤 잘하느냐?'라는 상사의 꾸중을 들으니 살수록 자신감을 얻게 되는 게 아니라 되레 무기력해지고 진짜 목표를 잃어버리게 되는 거죠."

나는 그들의 말도 어느 정도 일리는 있지만 절대 그게 전부는 아니라고 생각한다. 일단 그렇게 말하는 사람들에게 '당신에게는 정말 삶의 목표가 있는가?'라고 물어보라. 혹시 독자 중에 지금 던진 질문에 내 목표는 정말 뚜렷하다고 말할 수 있는 사람이 있다면 그 사람에게 한 가지 질문을 던져보겠다.

"당신은 무엇을 하든 반드시 성공하게 되어 있다. 무엇이든 가능하다. 그렇다면 당신은 어떤 목표를 세우고 싶은가?"

이 질문을 듣고 당신의 목표가 달라졌다면 당신은 이제야 진짜 목표를 발견한 것이다. 물론 우리는 살면서 지속적으로 자신감을 잃기도 하고, 목표를 계속 하향 조정하며 살고 있다. 하지만 자신감이 생기면 시작하겠다는 사람은 영원히 시작하지 못한다. 왜냐면 불안한 채로 시작하여, 끝냈을 때 생기는 것이 자신감이기 때문이다.

직장에서 자신감을 잃었다고 낙망하지 마라. 입사 후 지금까지 당신이 잘했던 순간들을 떠올려보라. 부하 직원에게 친절하게 업무에 대한 설명을 해주던 때와 결정적인 순간에 당신 덕분에 큰 계약을 성사시켰던 때, 멋진 프레젠테이션으로 임원들의 박수를 받았을 때를 생각해보라. 그리고 그것을 기록하고 자신감이 없어질 때마다 들춰보라. 사실 자신감을 갖는 것도 마음가짐에 달려 있다. 잘했던 순간들을 떠올리며 계속 그것만 반복하다 보면 어느 순간 마음가짐이 달라진 자신을 보게 된다. 그런 자세가 당신을 지금 위치에 안주하지 않고 더욱더 박차를 가해 발전할 수 있게 한다. 그리고 안주를 넘어 당신의 진짜 목표를 찾아낼 수 있게 만든다.

내가 진짜 원하는
것은 무엇인가?

텔레비전을 보는 시간만 줄여도 인생이 달라질 수 있는 것
은 누구나 알고 있는 사실이다. 외출 후에 집에 들어와 아무 생각
없이 누르는 리모컨이 당신의 삶을 갉아먹는다. 많은 사람들이 의
식하지 못한 채 텔레비전에 중독되어 살아가고 있다. 삶의 뚜렷한
목표가 없기 때문에 별 생각 없이 텔레비전 앞에 앉아 있게 된다.
한마디로 그냥 살고 있기 때문이다. 원하는 것을 생각하고, 그 길

을 명확하게 하는 것은 어려운 일이다. 그게 어려운 일이기 때문에 사람들은 쉬운 길을 택하고, 아무것도 명확하게 하지 않으려는 중독에 빠지게 된다. 당신도 마찬가지라면 스스로 물어보자.

"당신이 사는 곳은 텔레비전 화면 속인가? 바깥 현실인가?"

당신은 텔레비전 속의 사람들을 지켜보며 그저 그들의 꿈이 실현되는 것을 바라보는 구경꾼일 뿐이다. 그들은 단지 수많은 삶을 연기하며 돈을 버는 중이고, 당신은 그들을 지켜보며 시간을 허비하고 꿈을 잃어가는 중이다. 언제까지 당신의 시간을 잃고 살 것인가? 당신에게 주어진 인생을 살아야 하지 않겠는가? 오늘도 어제처럼 자신의 삶을 방관하며 살 것인가?

우리가 해야 할 가장 중요한 일 중 하나는 자신이 원하는 것이 무엇인지 정확하게 아는 것이다. 그저 남들처럼 살거나 막연하게 성공을 바라는 것만으로는 부족하다. 막연한 질문을 던지는 사람에게 돌아오는 답은 막연한 답이기 때문이다. 누군가 "너의 목표가 무엇이냐"라고 물어보면 당신이 원하는 것을 명확하게 설명해줄 수 있어야 한다. "당신이 원하는 것은 무엇입니까?"라는 질문에 늘 머리를 긁적이며 "글쎄요" 이상의 별 다른 대답을 하지 못했다면 이제 스스로에게 물어보라.

"내 목표는 무엇인가?"

"나는 어디를 향해 가고 싶은 것인가?"

"목표를 이루는 시기는 언제까지인가?"

"기간별로 목표를 나눌 수 있는가?"

"금액별로 목표를 나눌 수 있는가?"

이런 자세한 질문에 대해 대답해봄으로써 당신은 이제부터 더 명확한 목표를 설정한 인생을 살 수 있을 것이다. 오늘 할 일이 있다고 내일도 당신에게 일이 주어지는 것은 아니다. 지금 잘살고 있다고 늙어서까지 당신이 잘살 수 있는 것은 아니다. 아무도 당신의 미래를 보장해주지 못한다. 더구나 명확한 목표가 없는 삶이라면 당신의 미래는 더욱 위험하다.

넓고 화려한 별장을 원하든, 대기업에서 핵심인재가 되는 것을 원하든, 세탁소의 사장이 되는 것을 원하든 당신이 먼저 염두에 둬야 할 것은 원하는 것을 얻기 위한 구체적인 이미지를 명확하게 그려야 한다.

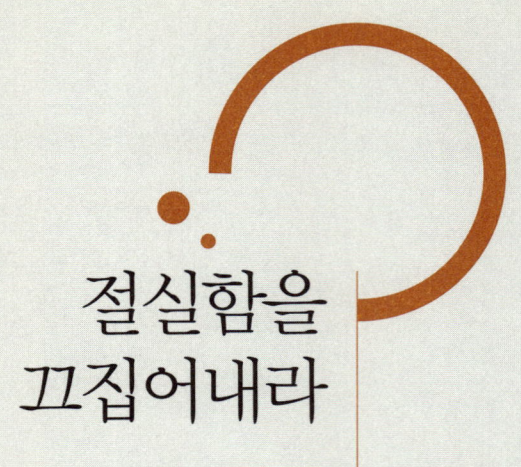

절실함을
끄집어내라

당신의 무너진 삶을 다시 일으켜 세우고 싶은가? 그렇다면 당신의 그 마음은 얼마나 간절한가? 오직 그 간절함의 깊이가 당신의 삶을 일으킬 수 있는지 없는지를 결정할 것이다. 하지만 '간절함'이라는 감정은 측정이 불가능하기 때문에 개인차가 있기 마련이다. 그래서 진짜 간절하다는 게 무엇인지 지난 2009년 9월 인도네시아에서 일어났던 사건을 예로 들어 설명하며 독자들의 이해를 돕고자 한다.

겨우 열여덟 살의 나이로 인도네시아에서 건설 노동자로 일하는 '람란'이라는 소년이 있었다. 어느 날 람란이 일하는 지역에 7.6 규모의 강진이 닥쳤고, 람란은 미처 피하지 못하고 지진의 잔해 속에 갇히게 되었다. 물론 탈출하기 위해 갖은 애를 썼지만 람란의 오른발이 2톤짜리 콘크리트 더미에 깔려 건물에서 빠져나갈수 없게 됐다. 그 순간 람란은 중요한 질문을 던졌다.

"죽는 게 두려운가? 다리를 자르는 게 두려운가?"

삶의 절실함을 느낄 수 있는 질문이었다. 세상에 목숨이 화두가 되는 질문보다 더 절실한 질문은 없다. 이 질문을 통해 무엇이 더 두려운 것인지를 깨달은 람란은 스스로 문제를 해결하기로 결심하고 결국 자신의 다리를 자르기 시작했다. 다리를 자르기 시작한 지 10분 정도가 지나자 람란은 힘이 빠져버렸다. 그래서 람란은 삼촌에게 도움을 요청하는 문자 메시지를 보냈다. 당시 2층에서 시신 발굴 작업을 돕던 그의 삼촌인 에만은 조카의 문자를 받고 달려와 나무 톱으로 15분에 걸쳐 조카의 다리를 절단했다.

여기서 더욱 놀라운 사실은 람란이 다리를 자르는 동안 의식이 멀쩡한 상태였다는 것이다. 두 눈을 뜨고 톱으로 자신의 다리가 잘려 나가는 순간을 15분이나 목격했다는 것은 놀라운 사실이다.

에만은 수건으로 람란의 다리를 감싼 다음 다른 동료들의 도움을 받아 그를 인근 병원으로 옮겼고 람란은 비록 다리는 잃었지만 생명을 건질 수 있었다.

무엇이 다리가 잘려 나가는 아픔을 감수할 수 있게 만든 것일까? 람란이 온전한 정신으로 자신의 다리를 자르고 생명을 유지할 수 있었던 것은 삶에 대한 절실함이 강했기 때문이다. 당신이 가진 게 부족하고, 남들보다 타고난 조건이 열악하다고 불평하지 마라. 그보다 중요한 것은 그것에 대한 당신의 절실한 마음이다. 절실하면 무엇이든 이룰 수 있다.

물론 람란의 경우는 보통 사람들이 경험할 수 없는 아주 특별한 상황이다. 우리는 지금 상황에 맞는 절실함을 끄집어낼 수 있는 질문을 던져야 한다.

1954년 미시시피 강 근처의 초라한 마을에서 그것도 미혼모의 딸로 태어난 소녀가 있었다. 그녀는 흑인에다 뚱뚱했고, 누구보다도 가난한 어린 시절을 보냈다. 과거 한국전쟁 시절 우리나라가 그랬듯 그녀의 집도 너무 가난해서 가족들이 뿔뿔이 흩어져 지낼 수밖에 없었다. 말벗이 될 만한 사람은커녕 애완동물 하나 키울 형편이 못 돼 집 안에 돌아다니는 바퀴벌레에 이름을 붙여 친구 삼아 놀아야 할 정도로 외롭고 쓸쓸하게 살았다.

하지만 그녀의 불행은 외롭고 쓸쓸한 정도에서 끝나지 않았다. 사촌오빠에게 열 살이 채 되기 전에 성폭행을 당하는 어처구니없는 상황을 겪으며 고통의 나락에 던져진다. 그렇게 아픈 인생을 겪으면서 그녀는 마약중독자와 전과자라는 이름으로 완전히 무너진 인생을 살아야 했다. 그녀의 과거는 미약했고 누구보다 비참했다. 하지만 이제 그녀는 전 세계에서 가장 빛나는 사람이 되었다. 바로 세계적인 여성 멘토인 오프라 윈프리다. 힘들고 지쳤던 지난 삶을 견디고 지금의 오프라 윈프리를 만든 질문은 바로 이것이다. 그녀는 실패와 어려움을 겪으며 스스로 이런 질문을 던졌다.

"이대로 무너질 수는 없지 않은가?"

질문을 통해 그녀는 다시 삶의 이유를 절실하게 느꼈고, 성공을 향한 사무치는 마음으로 인생을 살아갈 수 있었다. 그 결과 자신의 약점이었던 것들을 모두 장점으로 바꿀 수 있었고, 절망이 아닌 희망의 인생을 살 수 있게 된 것이다. 오프라 윈프리는 힘들고 지칠 때마다 흑인영가의 한 구절을 떠올렸다.

"나는 계속 달려갈 것이다. 끝이 어떠할지 볼 것이다."

이 영가의 구절은 그녀가 스스로에게 던졌던 질문과 많이 닮아있다. 결국 고통스러운 삶 속에서도 절실함을 이끌어낸 질문을 스스로에게 던졌기 때문에 '나는 계속 달려갈 것이다. 끝이 어떠할지 볼 것이다'를 실천할 수 있었던 셈이다. 아무리 힘들어도 늘 자신의 1년 후, 10년 후를 상상해보라. "10년 후에도 지금과 같은 모습이면 어쩌지?"라는 질문을 던지며 성공을 위한 절실함을 끄집어내어 질문해가며 스스로를 채찍질해보자. 그런 삶의 태도가 과거의 나를 반성하고, 조금 더 절실하게 오늘과 내일을 살 수 있도록 만들어줄 것이다.

성공에 대한
낡은 신념을 바꿔라

"성공한 사람들은 좀 거만하지 않나?"

성공한 사람들에 대해서 대부분의 사람들이 지닌 생각은 그들이 거만하다는 것이다. 하지만 이런 생각은 상당히 위험하다. 제아무리 성공을 갈망하고, 그에 맞는 노력을 하는 사람이라 할지라도 성공한 사람들을 생각할 때 떠오르는 이미지가 '거만'이라면 아무리 노력해도 성공하기 힘들 것이다.

성공을 이룬 사람들은 남들 이상의 노력을 한 열정적이고 치열한 사람들이라는 신념을 가져야 한다. 그게 당신이 원하는 것을 얻을 수 있도록 도울 것이다. 물론 한 번 정해진 신념을 바꾸기란 쉽지 않다. 버릇처럼 쉽게 툭툭 튀어 나오기 때문이다.

한 번 생각해보자. 당신이 성공한 사람들에 대해 부정적인 신념을 지니게 된 계기는 무엇인가? 혹시 성공이 좋은 사람을 탐욕스럽고 거만하게 만든다고 생각하는가? 그렇지 않다. 아마 당신의 주변엔 성공한 다음에 거만해진 사람도 있을 것이고, 반면에 처음과 같이 그대로 좋은 성격을 유지하는 사람도 있을 것이다.

신문이나 방송을 봐도 알 수 있다. 성공한 사람들 가운데는 성격이 거만한 사람도 있고, 반면에 겸손함을 그대로 유지하는 사람도 있다. 우리는 여러 경로를 통해서 수많은 정보를 얻을 수 있고, 그 정보로 세상의 모든 주장에 대한 증거를 쉽게 찾을 수 있다. 그래서 사람마다 신념이 다를 수밖에 없다. 그렇기 때문에 여기서 누가 옳고 그른지 판단하는 것은 그 자체가 시간 낭비이면서 어리석은 일이다. '모두 다 옳다'고 생각하는 게 맞다. 다만 신념이 다를 뿐이다.

성공하는 사람은 거만하기도 하지만 누구보다 겸손하고 착하기도 하다. 중요한 것은 당신의 신념이 당신이 하고자 하는 일을 이루는 데 도움이 되느냐 아니냐 하는 것이다. 부자가 거만하다는 신념을 지니기보다는 부자는 누구보다 겸손하고, 착하다는 신념을 지니는 것이 당신이 하고자 하는 것을 이루는 데 더 큰 도움이 된다.

많은 사람들이 행복하게 살기 위해 반드시 해야만 하는 일인데도 "그건 내 신념이 허락하지 못 한다"라고 말하며 그 일을 포기해버린다. 인생은 드라마처럼 딱딱 맞아떨어지지 않는다. 신념대로 그럴 듯하게 사는 게 아니라 신념을 내 편으로 만들어 신념이 나를 위해 살게 만들어야 한다. 따라서 어떤 일을 할 때 그 일을 성취하는 데 도움이 되는 신념을 지니기 위해서는 먼저 어떤 일을 할지 결정한 다음에 이런 질문을 하는 것이 도움이 된다.

"이 일을 하는 데 도움이 되는 신념은 무엇일까?"

당신이 원하는 것을 반드시 이루기 위해서는 그렇게 당신을 도울 수 있는 절대적인 신념이 필요하다. 그 신념이 당신이 처한 상황을 긍정적으로 바꿔놓을 것이다. 신념은 충분히 그럴 만한 능력을 가지고 있다. 낡은 신념은 낡은 생각만 부를 뿐이다. 간절함을 성공적으로 이루기 위해서는 신념이 당신이 목표에 몰두할 수 있도록 도움이 되어야 한다. 당신이 간절함을 이룰 수 있는지 없는지는 당신의 신념에 달려 있다.

그 누구도 대신할 수 없는
전문가가 돼라

별다른 능력도 없이 남들 다 하는 일만 하는 사람은 생존 경쟁에서 살아남기 힘들다. 매일 아침 출근해서 여전히 남아 있는 내 자리를 발견하곤 '오늘도 살아남았구나' 라고 안도하는 인생을 살아야 할 것이다. 반면에 매일 당당한 모습으로 출근하는 사람도 있다. 그렇다. 전문가는 상황이 어떻게 변하든 관계없이 당당하다. 한 분야에서 전문가가 되었다는 것은 바로 '당당해도 된다' 는 인정을 받았다는 뜻이다.

하지만 다른 사람들이 모두 다 할 수 있는 평범한 것만 할 수 있는 사람들은 다른 사람들이 가진 평범한 것만 가질 수 있다. 물론 당신은 "아직 이게 내 능력의 전부가 아니거든"이라고 말할지도 모른다.

말로만 자신의 능력을 발휘하지 말고 전문가가 돼라. 전문가라는 의미를 어렵게 생각할 필요는 없다. 쉽게 복사기로 예를 들자면 이렇다. 회사에 다니다 보면 늘 말썽을 부리는 복사기가 있기 마련이다. 쓸 만하면 멈춰버리는 이 복사기는 도대체 이게 왜 멈추고 작동을 하지 않는지 아무리 뚜껑을 열고 설명서에 쓰인 대로 고쳐보려 해도 되지 않는다.

그럴 때 꼭 부르는 직원이 하나 있다. 이상하게 그가 오기만 하면 언제 그랬냐는 듯 복사기가 바로 작동한다. 이게 바로 전문가다. 그는 바로 복사기를 고치는 전문가다. 누군가에게 반드시 필요한 존재가 되는 것이 전문가다. 그렇게 전문가는 고객을 부르는 반면, 비전문가는 늘 고객을 찾아다니며 살아가야 한다. 그게 전문가와 비전문가의 가장 결정적인 차이다. 그렇다면 전문가가 되기 위한 결정적인 질문은 무엇일까? 바로 이것이다.

"나는 남들과 무엇이 다른가?"

애플의 스티브 잡스는 늘 직원들에게 "다르게 생각하라(Think different!)"라고 말한다. 이 말을 조금 더 풀어서 말하면 "내 생각은 남들과 뭐가 다른가?"와 같다. 세계 최고의 피겨 여왕의 자리에 앉아 있는 김연아 선수 역시 마찬가지다. 김연아가 '피겨 여왕'이 될 수 있었던 가장 큰 이유는 '점프'였다.

김연아는 피겨 스케이팅을 처음 배울 때, 연기는 나중에 배워도 되지만 점프는 어려서부터 연습해야 한다는 생각으로 점프 연습에 몰두했다. 점프보다 연기 연습에 치중한 다른 선수들과 전혀 다른 반대의 길을 간 것이다. 결국 스티브 잡스나 김연아를 키운 한마디는 "나는 남들과 뭐가 다른가?"였다. 이 질문이 그들을 자신의 분야에서 최고로 만들었고, 전문가로 만들었다.

"나는 남들과 뭐가 다른가?"라는 질문은 나를 전문가로 만들어준 고마운 질문이기도 하다. 나 역시 처음엔 강의만 할 줄 아는 강사에 불과했다. 하지만 불경기가 되자 강의 의뢰 건수가 절반 이하로 뚝 떨어졌다. 그때 나는 더 이상 이런 식으로는 버틸 수 없다고 생각하고 "나는 남들과 뭐가 다른가?"라는 질문을 수없이 던졌다.

질문을 던지니 해결할 수 있는 방안이 떠올랐다. 그건 바로 내 이름으로 된 책을 내는 것이었다. 강의만 하는 것보다는 그 강의에 담긴 내용을 책으로 만들어 교육생들에게 언급하며 홍보를 하면서부터 그냥 강의만 하는 강사보다 높은 전문성을 가질 수 있게 되었다. 기업의 교육 담당자들에게도 굳이 다른 설명할 필요 없이 강의 후에 내 책을 한 권 선물함으로써 나의 전문성을 알릴 수 있었다. 그러자 한 번 내 강의를 들었던 사람들은 나를 잊지 못했고, 다시 나를 찾는 경우가 늘었다. 평판 역시 높아지며 이젠 굳이 칭하지 않아도 남들이 나를 '전문가'로 불러주었다.

어떤 일을 하든지 내가 남과 다른 점이 무엇인지 늘 질문하고 생각해봐야 한다. 질문하지 않으면 생각하지 않게 되므로 평생 전문가로 살기 힘들어진다. 당신은 좀 더 당당하게 살아가기 위해 무엇을 했는가? 당신에게 일어나는 모든 상황을 당신에게 유리한 상황으로 바꾸고 싶다면, 지금보다 높은 평판과 성과를 얻고 싶다면 당신이 먼저 변해야 한다.

방송에서 가끔 '반짝 스타'라는 말을 하곤 한다. 어느 날 일어나 보니까 스타가 돼 있었다는 이야기가 담긴 내용이다. 하지만 정말 반짝 스타라는 게 존재하는 것일까? 반짝 스타라곤 하지만 그들의 실력을 보면 혀를 내두르게 된다. 노래도 잘하고, 연기도 잘하고, 카메라를 바라보며 만들어내는 그 표정 연기는 확실히 반짝 스타가 아닌 전문가의 느낌이다.

어느 날 자고 일어나니 갑자기 전문가가 될 수는 없다. 모든 반짝 스타는 준비된 전문가다. 지금의 위치에서 전문가로 거듭나고 싶다면 늘 어떤 일을 하든지 "나는 뭐가 다른가?"라는 질문을 가슴속에 담고 변화를 거듭해 나가야 할 것이다. 그게 내가 발견한 가장 빠른 시일 안에 전문가가 되는 비결이다.

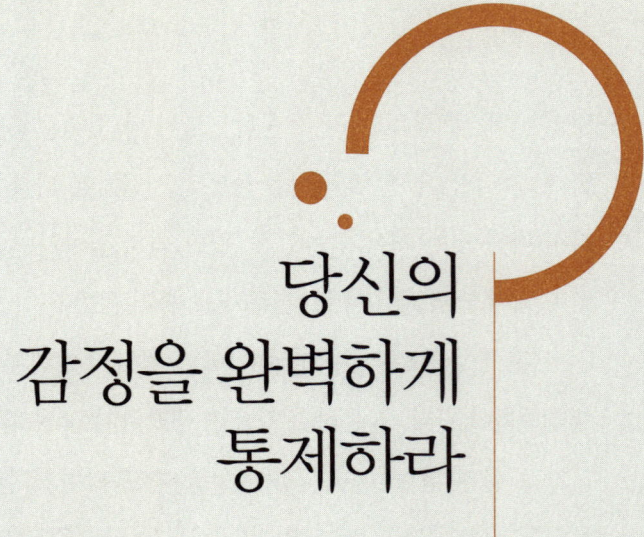

당신의
감정을 완벽하게
통제하라

감정을 낭비하지 마라. 직장인들은 일은 잘하는데 감정 조절을 잘하지 못해서 스스로 무너지는 경우가 많다. 일할 때 지치는 대부분의 이유는 일 자체에 문제가 있어서라기보다는 감정 문제 때문일 가능성이 많다. 연차가 쌓일수록 기술이 생기고 요령이 늘어 업무는 쉽게 처리할 수 있지만 당신이 직장에서 지치는 가장 큰 이유는 업무에 감정이 추가되기 때문이다. 당신의 감정이 스스로를 피곤하게 하고 지치게 만드는 것이다.

무슨 말만 하면 열을 내고, 마치 전쟁이라도 할 기세로 대화에 임하는 사람이 있다. 뭐든지 지나치게 치열한 자세로 감정을 앞세우면 지치는 건 자신이다. 직장에서 일어난 문제를 집에 가서까지 생각하기 때문에 집에서도 마음 편하게 쉬지 못한다. 온갖 문제에 관여해서 전쟁하듯 치열한 감정싸움을 하는 것보다는 그냥 내가 관여해야 할 것만 하고, 그게 아니면 그냥 지나칠 줄 아는 태도가 필요하다.

자신과 전혀 관계없는 다른 부서의 직원이 업무상 착오를 일으킨 것을 알았다고 해서 어떻게든 그 직원에게 업무에 착오가 있었음을 알려주고 이것저것 관여하려고 하지 마라. 그 직원은 당신 앞에서는 고맙다고 할지 몰라도 뒤돌아서서 "별게 다 간섭이네"라고 말하며 비아냥거릴 수 있다. 그게 또 당신의 귀에 들어가면 전쟁 같은 감정싸움이 시작되는 것이다.

그걸 방지하고 싶다면 되도록 다음과 같은 방식으로 일을 처리하는 게 좋다. 예를 들어 부하 직원에게 어떤 업무를 맡겼다면 일단 그 직원이 일을 잘 마무리할 수 있도록 곁에서 시간을 두고 지켜봐주는 게 좋다. 부하 직원이 시행착오를 겪을 때마다 끼어들어서 이건 어떻고, 저건 어떻고 하면서 불평하고 관여하기 시작하면 일은 일대로 되지 않을뿐더러 당신의 감정 역시 쓸데없는 곳에 자꾸 쓰게 된다.

당신의 일과 부하 직원의 일을 구분하고, 당신 부서의 일과 타 부서의 일을 구분하라. 그건 당신이 해야 할 일이 아니라 일을 맡은 부하 직원이나 다른 부서 사람들이 해야 할 일인 것이다. 당신의 부하 직원이 하는 일이라 할지라도 일단 당신의 손에서 떠나면 그건 그 사람 소관이다. 당신은 그저 일의 방향이 어긋나지 않도록 잘 설명만 해주면 되는 것이다.

또 직장에서 입사동기가 당신보다 더 빨리 승진했다고 "네가 나보다 잘난 게 뭔데"라고 말하거나 그런 눈빛을 보낸다면 주변 사람들은 당신을 바라보며 능력도 없고, 성격도 보잘것없다고 판단할 것이다. 따라서 그냥 보는 앞에서만이라도 당신보다 앞선 동기에게 따뜻한 축하의 메시지를 보내고, 그 상황을 너무 심각하게 받아들이지 않는 것이 좋다. 그리고 그때는 이런 질문을 던지며 스스로 감정을 제어해야 한다.

"내가 왜 다른 사람의 일 때문에 기분을 망쳐야 하는가?"

동료가 승진을 했든 못 했든 당신의 일이 아니라 다른 사람의 일이다. 성공을 위해 뛴 사람들은 누군가를 위해서가 아니라 자신을 위해 뛴 것이다. 직장을 다니는 사람 역시 마찬가지다. 회사를 위해 일하는 게 아니라 회사의 수입이 고스란히 내 것이라는 생각으로 일하는 태도를 가져야 한다. 다른 사람의 일로 기분이 나빠질 정도로 당신은 한가한 사람인가? 상대가 누구든 당신이 아닌 것이 분명하다면 그저 잘되기를 바라주면 되고 다음을 기약하면 된다. 이런 질문을 통해 자신의 감정을 조금씩 추스르고 감정의 평온을 찾아가면서 자신의 기량을 발휘하는 데 힘을 쓰면 된다.

당신의 몸이 자동차라면 당신이 가진 쓸데없는 감정은 에너지를 더 쓰게 하는 짐에 불과할 뿐이다. 자꾸 짐만 늘어나면 자동차는 더 많은 연료를 써야 할 뿐만 아니라, 멀리 가지 못하고 고장이 나 멈춰 서게 될 것이다. 그러니 되도록이면 쓸데없는 감정은 비워두고, 자신의 일에 집중할 수 있는 자세를 지니는 게 좋다. 그게 무슨 일을 하든 쉽게 지치지 않을 수 있는 좋은 방법이다.

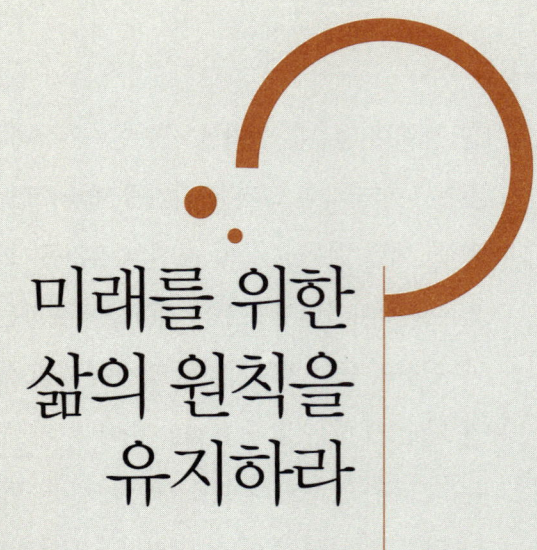

미래를 위한
삶의 원칙을
유지하라

잘못된 길에 들어선 사람들은 대부분 자기방어적이다. 말이든 행동이든 평소에는 하지 않는 자기방어적인 태도를 취하며 자신을 보호한다. 그런 태도를 보이는 것 자체가 이미 스스로 자신이 하는 일이 잘못된 것이며 고쳐야 함을 인정하는 것이나 마찬가지다. 예를 들어 이번 일주일을 독서 주간으로 정하고 세 권의 책을 읽기로 결심했는데, 겨우 책을 한 권 읽고 나서 스스로에게 이런 이야기를 하는 것이다.

　'눈이 아프네. 아무리 독서 기간이지만 이럴 땐 좀 쉬어주는 게 좋지. 그래 난 좀 쉴 필요가 있어.'

　누군가 당신에게 왜 책을 읽지 않느냐고 묻기 전에 이미 스스로 자기방어를 할 수 있는 이유를 만들어낸 것이다. 자기방어로 얻을 수 있는 것은 잠시의 위안뿐 다른 건 아무것도 없다. 혹시 무엇을 얻을 수 있다고 해도 그 기간은 아주 짧을 것이다. 순간적인 욕구를 충족시킬 수밖에 없기 때문이다. 지금 당장은 하지 않아도 되지만 어느 정도 기간이 지나면 그것은 또다시 반드시 해야 할 일이 되어 더욱 당신의 목을 죌 것이다. 해야겠다고 마음을 먹었다면 해내라. 성공은 언제나 당신을 노리고 있다. 당신이 성공하지 못하는 까닭은 당신 스스로 정해놓은 그 목표와 소망을 피해가기 때문이다.

　그리고 삶의 원칙을 만들어라. 그게 끝까지 자신이 정한 목표를 추구할 수 있는 사람이 되기 위한 가장 기본적인 단계다. 성공한 사람들의 공통점은 어떤 난관에 봉착해도 자신이 세웠던 원칙을 일관되게 유지했다는 것이다. 하지만 실패한 사람은 나름대로 이유를 대며 원칙을 자꾸 바꾼다. 그게 실패자가 빠져나오기 힘든 함정이다. 그러므로 새로운 유혹이나 손짓이 당신을 움직일 수 없도록 더욱 굳건한 원칙을 가져야 한다. 물론 이런 유혹이 당신을 괴롭힐 것이다.

'조금만 바꾸면 당장 더 이익이 될 수 있을 텐데……'

'조금만 바꾸면 이 실패에서 조금은 벗어날 수 있을 텐데……'

이런 마음이 들 땐 그 누구의 말에도 상관하지 말고, 오로지 당신 마음의 목소리에 귀 기울여보라. 그리고 이렇게 물어보라.

"나는 무엇을 추구하는가?"

이렇게 질문을 해도 원칙이 또다시 흔들린다면 다시 한 번 더 물어보라.

"지금 내가 해야 할 행동과 생각은 내가 알고 있는
나의 행동과 생각과 일치하는가?"

그러면 모든 것이 분명해질 것이다. 원칙만 그대로 지킨다면 제아무리 높은 지위에 있어도 뇌물을 받고 명예가 실추되는 일은 생기지 않을 것이다. 원칙은 고속도로의 제한속도와 같다. 제한속도만 지키면 아무런 문제가 없다. 고속도로에서 무슨 일이 있어도 100킬로미터 이하로 주행한다는 원칙만 가지고 있으면 어디에 무인측정기가 있는지 애써 찾아보며 주의를 기울일 필요가 없다. 원칙을 지키지 않으려 하기 때문에 신경을 쓰는 것이다. 그러니 무너진 당신의 삶을 되돌리고 싶다면 지금 처한 현실에 연연하지 말고 조금 더 멀리 보며 원칙을 고수하라.

가능성을 높이는
질문을 습관화하라

지난 1991년 일본의 최대 사과 생산지인 아오모리 현에 가을 태풍이 닥쳤다. 그 결과 멀쩡하게 잘 자랐던 사과의 90퍼센트 이상이 땅에 떨어지는 피해가 발생했다. 농부들은 땅에 떨어진 사과를 보며 기막혀 했다. 1년 동안 어렵게 기른 사과가 무참하게 땅에 버려져 있으니 우리와 같은 도시인은 그 아픈 마음을 짐작조차 하기 힘들 것이다. 그들은 모두 "이런 사과를 어떻게 팔 수 있겠어?"

라는 질문을 서로에게 던지며 점점 의기소침해졌다. 그렇게 모두가 좌절해 있을 때, 마을 이장은 좌절하지 않고 사람들에게 이런 질문을 던졌다.

"이 사과를 어떻게 팔 수 있을까?"

농부들이 던진 "이 사과를 팔 수 있겠어?"라는 부정적인 질문이 아닌 이장의 "이 사과를 어떻게 팔 수 있을까?"라는 가능성을 높이는 질문은 놀라운 결과를 만들어냈다. '어떻게' 팔 것인지에 집중하자 답이 나온 것이다. 한국도 그렇지만 일본의 가을은 입시의 계절이다. 이장은 떨어진 90퍼센트의 불가능에서 답을 찾지 않고, 남아 있는 10퍼센트의 멀쩡한 사과에서 답을 찾았다. 그래서 만든 것이 '떨어지지 않는 합격 사과'라는 브랜드였다. 보통 사과 값의 열 배 값을 매겼는데도, 대입 수험생을 둔 학부모에게 선풍적인 인기를 끌며 판매됐고, 농부들은 태풍 피해를 만회할 수 있었다. 불가능에 집중해서 생각하면 모든 게 불가능해진다. 이는 직장생활에서도 마찬가지다.

'내가 과연 승진할 수 있을까?', '내가 과연 이직을 해도 지금 직장처럼 잘 지낼 수 있을까?'라는 질문엔 포기의 가능성이 더 많이 담겨 있다. 여기엔 '승진할 수 없을 것'이라는 부정적인 가능성과 '다른 직장으로 옮길 때 적응할 수 없을 것'이라는 부정적인 판단이 담겨 있다.

내가 이 책을 통해 말하고자 하는 것은 질문의 수준이 삶의 수준을 결정한다는 것이다. 때문에 무너진 사람의 삶도 질문을 통해 다시 일으켜 세울 수 있다. 그러나 당신의 질문이 이렇게 불가능을 강조한다면, 당신의 삶은 어디서 무엇을 하든 모든 게 불가능할 것이다. 우울한 결과가 아닐 수 없다. 다른 사람도 아닌 자기 자신이 스스로 인생을 망치는 형국이다. 질문은 꼬리와 같아서 우리는 스스로 던진 질문에 꼬리에 꼬리를 물며 대답을 이어간다. 결국 불가능을 되묻는 질문은 자신을 끊임없이 불가능한 상태로 내몰게 된다.

자, 그럼 좀 긍정적인 질문을 던져보자. '내가 과연 승진할 수 있을까?', '내가 과연 이직을 해도 지금 직장처럼 잘 지낼 수 있을까?' 대신에 '내가 승진을 하려면 어떻게 해야 할까?', '내가 이직에 성공하려면 어떻게 해야 할까?'라는 질문을 던져보자. 이젠 좀 가능성이 보이지 않는가? 긍정적인 질문이란 불가능을 암시하는 물음보다는 가능성을 높이는 질문으로 단어를 교체하는 것이다. 앞의 질문과는 달리 이번 질문은 실패의 가능성은 아예 생각하지 않고 있다. 따라서 전자의 질문은 변명하는 질문이지만 후자의 질문은 행동을 하도록 이끄는 질문이다. 무조건 성공한다는 전제 아래 행동 원칙을 생각하게 만드는 것이기 때문이다.

여기에서 중요한 것이 하나 있다. 보통 사람들은 '내가 과연 승진할 수 있을까?', '내가 과연 이직을 해도 지금처럼 잘 지낼 수 있을까?'라는 질문을 던지기 전에 조금 망설인다. '승진은 알아서 시켜주는 게 아닐까?', '내가 굳이 이직을 할 필요가 있을까?' 와 같은 생각에 빠진다. 약간 방향이 틀어진 질문을 던지는 순간 전혀 다른 방향으로 빠지는 것이다.

전혀 다른 방향의 질문이 떠오를 때도 먼저 가능성을 높이는 질문을 던져본 이후에 생각하는 게 좋다. 그리고 일단 결정을 한 후에는 결정한 사항에 대해서 더 이상 생각하면 안 된다. 그런 생각은 당신의 인생에 큰 도움이 안 된다. 그렇게 되면 당신은 질문을 해결할 생각은 하지 않고, 애초의 질문이 과연 올바른 것이었는지에 대해서만 생각할 것이다.

우리는 매일 결정만 하는 사람을 자주 본다. 그건 어쩌면 당신의 모습일 수도 있다. 오늘은 이걸로 결정하고, 내일은 저걸로 또 바꾸고, 그러다가 시간이 지나고 세월은 흐른다. 우리가 어디로 가게 될지는 아무도 모른다. 다만 내가 알고 있는 것은 당신이 결정하고 던지는 질문에 따라 당신이 성취할 수 있는 가능성이 높아지고, 그로 인해 당신의 능력도 높아질 가능성이 커진다는 것이다.

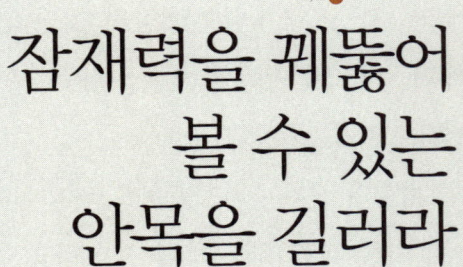

잠재력을 꿰뚫어
볼 수 있는
안목을 길러라

"역시 넌 참 안목이 있어. 이걸 어떻게 예상할 수 있었어?"

안목이란 현재 겉으로는 보이지 않지만 분명히 내재된 잠재력을 인식하는 능력이다. 간단하게 말해서 지렁이 속에서 거대한 아나콘다를 보는 능력을 말한다. 지금은 겉으로 보기에 작고 연약한 지렁이의 능력을 가지고 있지만, 내재된 힘은 분명 언젠가 아나콘다 이상의 능력을 발휘할 것이라고 예상할 수 있는 힘을 안목이라 부른다.

안목을 기르기 위해서 가장 필요한 것은 긍정적인 마음으로 사물을 재구성할 수 있는 힘이다. 가장 알기 쉬운 예를 들자면 컵에 든 물을 보고 "반밖에 안 남았네" 혹은 "반이나 남았네"라고 말하는 것이다. 컵에 든 물의 양은 같지만 그것을 바라보고 해석하는 사람의 관점은 전혀 다르다. 부정적인 해석을 한 사람은 거기에서 모든 것이 멈추지만 긍정적인 관점으로 해석을 한 사람은 반이나 남은 물을 보며 무의식적으로 현실을 재구성해서 다른 사람 눈에는 보이지 않는 새로운 결과를 만들어내고 그게 안목으로 발전하게 된다.

이번엔 좀 더 현실적인 예를 들어 설명해보겠다. 당신은 6성호텔의 근사한 레스토랑에서 식사를 하고 있다. 흔치 않은 경험이므로 당신은 식사를 하면서 자주 주위를 둘러볼 것이다. 식사하는 것도 평소처럼 급하게 하지 않으며 '역시 비싼 데는 뭔가 달라'라고 생각하며 일반 레스토랑과 다른 점을 계속 찾으려 할 것이다. 그런 당신에게는 더 이상 그곳의 나쁜 점이나 부정적인 측면은 보이지 않는다. 좋다는 생각 때문에 계속 좋은 것만 눈에 보일 것이다. 따라서 모든 것이 긍정적으로 보이고, 평소에는 무관심하게 넘어갔을 모든 것들이 새롭게 느껴질 것이다.

하지만 이번엔 반대로 동네 재래시장에 와서 분식을 먹는다고 생각해보자. 당신은 호텔에서와는 달리 급하게 식사를 할 것이며 오로지 먹는 데만 집중하며 간혹 맛이 실망스럽더라도 '여긴 시장이잖아. 여기서 뭘 기대해. 이 정도면 됐어'라고 스스로를 위안할 것이다. 게다가 음식 값을 깎으려 하거나 시장 인심을 바라며 좀 더 달라고 말하기 위해서 음식을 살펴보고, 식당을 둘러보며 장점은 죽이고 결점을 찾아내려 애쓸 것이다.

극단적인 예를 들었지만 좋은 안목을 가지고 성공한 사람들의 공통점은 주변에서 매일 일어나는 상황 속에서 모든 현실을 긍정적인 시각으로 재구성하는 능력이 있다는 점이다. 그래서 그들은 남들이 쉽게 놓치는 잠재력을 발견해낼 수 있었다. 말하자면 성공한 사람들의 모든 생활은 6성 호텔인 셈이다.

이런 안목 덕분에 극적으로 성공한 사람의 사례를 소개해보겠다. 세계 최고의 브랜드 지수를 자랑하는 코카콜라의 사례다. 코카콜라는 본래 음료수를 만들기 위해 개발한 것이 아니었다. 아사 캔들러의 안목이 코카콜라를 만들어냈다. 그는 실패한 두통약에서 최고의 청량음료를 만들어낼 수 있는 긍정적인 가능성을 통찰했다. 그리고 코카콜라를 약이 아닌 음료수로 재구성하여 소비자에게 맛을 알리고 최고의 브랜드 지수를 자랑하는 가치 있는 기업을 만들어냈다.

안목은 누구에게나 있다. 하지만 올바른 안목을 지닌 사람들은 그다지 많지 않다. 그래서 간혹 서툰 안목은 정성껏 다듬어온 인생을 무너뜨리기도 한다. 그걸 방지하기 위해서는 일단 모든 상황을 대할 때 긍정적으로 바라봐야 한다. 이미 모든 것을 알고 있다는 눈으로 상황을 마주하면 새로운 것이 나올 수 없고, 재구성할 여지도 없다. 때문에 안목은 발전하지 않는다.

아사 캔들러는 "이건 단지 실패한 두통약인가?"라는 긍정적인 질문을 던졌기 때문에 그것에서 긍정적인 생각을 이어 약이 아닌 음료수라는 상품을 재구성할 수 있었다. 그리고 이는 곧 세기의 안목이 되었다. 당신도 그런 안목을 가질 수 있다.

지금은 불가능해 보일지 모르지만 본래 안목이라는 것이 불확실성에 대한 믿음이다. 다음의 질문을 반복하면 생각보다 빠른 시간 안에 올바른 안목을 지닐 수 있다. 일단 누가 어떤 말을 하든지 긍정적이고 새로운 관점으로 바라보겠다는 결심을 하자. 그리고 마음속으로 이렇게 질문하자.

"어떤 방식을 취하면 좀 더 새로운 방식으로 바라볼 수 있을까?"
"상대방의 장점은 무엇인가?"
"아이디어를 실현하려면 무엇을 해야 하는가?"

이처럼 모든 상황에서 단점을 찾아내는 것보다는 장점을 찾아내고 그것을 실현할 수 있는 방안을 찾는 노력을 끊임없이 해보자. 그렇게 해서 다양한 아이디어를 내고, 실현하면서 처음엔 몰랐던 사물의 잠재력을 볼 수 있는 힘을 기를 수 있게 된다. 그게 당신의 안목을 길러줄 것이다.

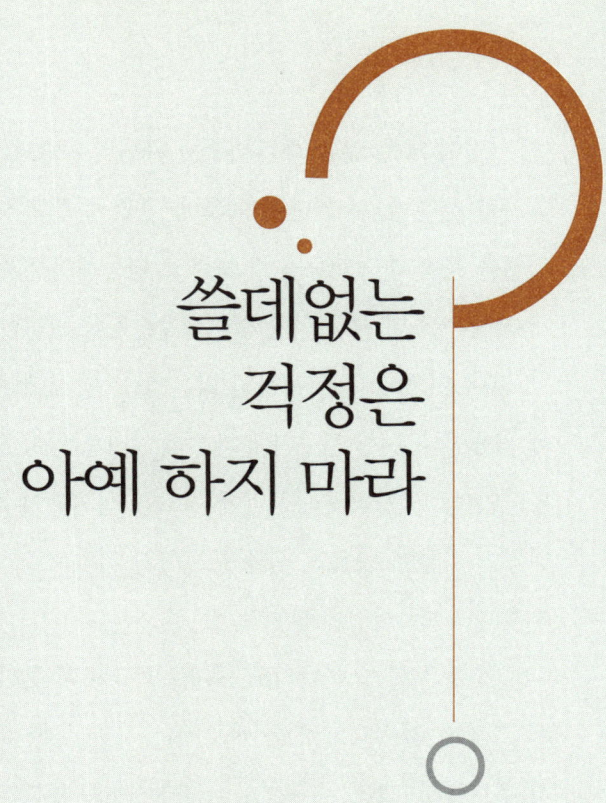

쓸데없는 걱정은 아예 하지 마라

정말 필요한 걱정을 하고 있다면 다행이지만 사실 우리는 쓸데없는 걱정을 하면서 아까운 시간을 버리고 있다. 이 글을 읽는 순간 이제 걱정은 그만두자. 미래에 대한 불안이나 내일 할 일에 대한 두려움은 더더욱 멀리하자. 그런 것들은 대부분 걱정한다고 해결될 문제가 아니다. 목표를 세우고 그에 따른 노력을 통해서 해결해야지 걱정만 한다고 문제가 해결되지는 않는다.

걱정이 모든 일을 해결해주는 마법의 주문은 아니다. 또 걱정만으로 해결될 수 있다면 애초에 그건 문제도 아니었을 것이다. 걱정을 통해서 돌파구를 모색하고 행동해야 하는데 가만히 앉아서 걱정만 하면 시간만 낭비하는 악순환을 거듭한다.

작년 겨울에 나는 굉장히 많은 일을 동시에 처리해야 할 상황에 처했었다. 친한 친구와 말다툼을 해서 인연이 끊길 수도 있는 상황이었다. 또 당장 한 달 만에 원고를 집필해야 하는 상황이었다. 더불어 가을에 나왔던 책을 홍보하기 위해 전국 강연회를 준비해야 했다. 나는 걱정에 잠겼다.

'이 많은 일 중 하나라도 제대로 처리하지 못하면 어쩌지?'

그렇게 일주일 정도를 아무것도 하지 못한 채 오로지 걱정만 하며 보냈다. 그러는 동안 나는 자신에게 '이 많은 걸 대체 어떻게 다 하라는 거야?' 대신 '그래, 그럼 지금 당장 내가 할 수 있는 건 뭐지?'라고 물었다. 질문이 바뀌자 일단 마음이 편안해졌다. 그리고 점차 해야 할 일이 하나둘 떠올랐다. 먼저 말다툼을 한 친구에게 전화를 해서 사과를 했고, 그날 저녁에 만나 함께 술을 마시며 쌓인 앙금을 풀었다. 그리고 집필을 시작하기 전에 목차를 만들고, 원고를 전체적으로 구상해보며 방향을 잡아 나갔다. 또 전국 강연을 위한 자료를 만들기 위해 이곳저곳에 연락을 해서 도움을 받았다.

불가능해 보였던 이 모든 일을 겨우 하루 만에 다 끝냈다. 물론

집필을 완전하게 마무리한 것도, 강연 자료를 다 만든 것도, 친구
와 완벽하게 화해한 것도 아니었지만 기분상으로 절반은 해결한
것 같았다. 또 이렇게 하자 도무지 해결 방안이 떠오르지 않았던
고민들이 만만해 보였다. 이젠 만들어놓은 틀 안에서 하나씩 완성
해 나가면 됐다. 당신을 괴롭히는 걱정이 있을 땐 고민만 하지 말
고 이렇게 묻자.

"지금 당장 내가 할 수 있는 것은 무엇인가?"

이 질문에 대한 대답이 떠오르면 바로 행동으로 옮기면 된다.
걱정이 생겼을 땐 걱정에 빠져 허우적대지 말고 어떤 식으로든 움
직여 행동해야 한다. 행동만이 걱정을 작게 만들고 일을 해결할
수 있는 유일한 방법이다.

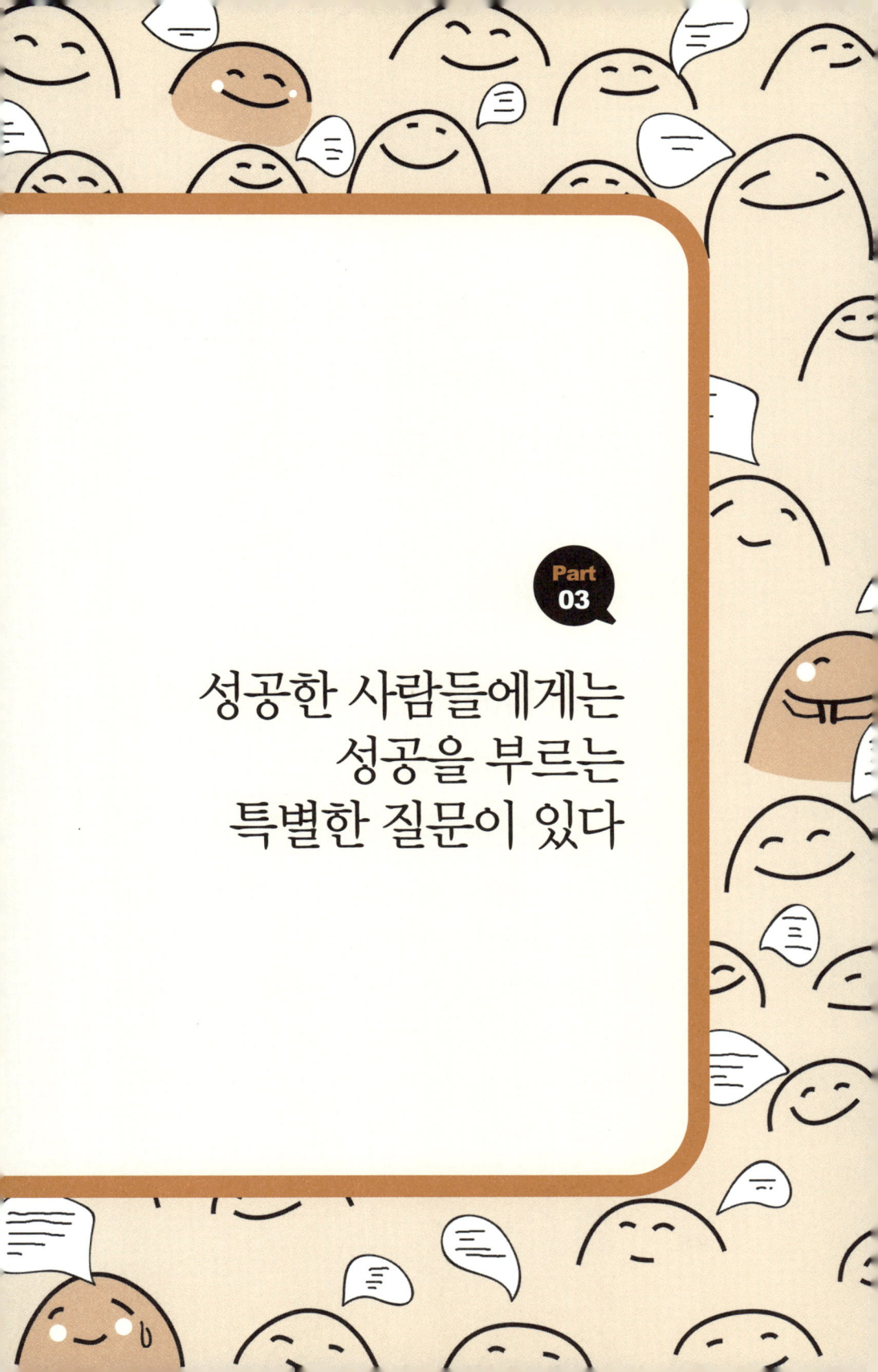

Part
03

성공한 사람들에게는
성공을 부르는
특별한 질문이 있다

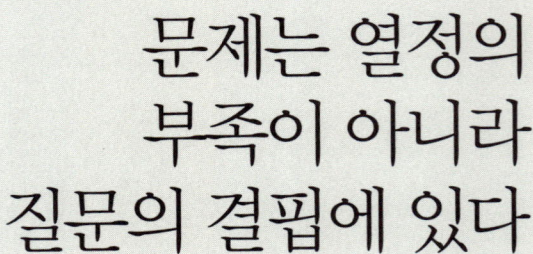

문제는 열정의
부족이 아니라
질문의 결핍에 있다

사는 건 참으로 복잡하다. 이것저것 신경 써야 할 것도 많고 돌발 변수도 많다. 하지만 사실 우리네 삶은 질문을 하고 답을 찾아 행동한 후 결과를 만드는 과정의 간단한 반복일 뿐이다. 당신의 아침 시간을 생각해보라. 눈을 뜨면 가장 먼저 무엇을 하는가? 바로 세수를 하러 욕실로 들어가는가? 다이어리를 보며 하루 일정을 체크하는가? 절대 아니다.

당신이 욕실에 가거나 다이어리를 펼치기 전에 반드시 거쳐야 할 것이 하나 있다. 그건 바로 '지금 일어날까, 조금 더 누워 있다가 일어날까?', '먼저 씻을까, 밥을 먹고 나서 씻을까?' 등의 기본적인 질문들이다. 질문이 있어야 행동이 뒤따른다. 이러한 기본적인 질문을 하지 않고는 당신은 욕실에 들어가는 것도 다이어리를 펼치는 일도 할 수 없다.

당신의 질문은 집에서 멈추지 않는다. 직장에 출근해서도 '오늘 가장 먼저 처리해야 할 일은 뭐지?', '점심을 나가서 먹을까, 안에서 대충 김밥이나 먹을까?', '퇴근 후에 동기들과 만나기로 한 약속 장소에 갈까 말까?' 등과 같은 질문을 통해 당신의 행동을 결정한다. 매번 인식하긴 힘들겠지만 당신의 삶은 온갖 질문으로 가득 차 있고, 그 질문이 당신의 하루를 움직인다. 이렇게 당신의 삶을 좌지우지할 수 있는 질문에 대하여 당신은 제대로 알고 대처하고 있는가? 답하기 전에 일단 이 문장을 명심하라.

"무엇보다 중요한 것은 질문이다.
자기 질문의 중요성을 잊지 마라."

정말 열심히 일하는데 단 한 번도 제대로 된 성공을 경험한 적이 없다고 불평하는 당신의 문제는 노력이나 열정의 결핍이 아니라 질문의 결핍일 수 있다. 당신은 자신도 모르게 습관적으로 하는 질문에 대해서 생각해본 적이 있는가? 생각해본 적이 없다면 지금 당신은 상당히 위험한 상황이라고 볼 수 있다. 습관은 웬만하면 고칠 수가 없다. 따라서 습관적으로 하는 질문이 당신의 행동을 평생 제어할 가능성이 높다.

성공한 사람들에게는 성공을 부르는 자신만의 질문이 있지만 실패한 사람들에게는 실패로 이끈 질문만 있다. 만일 당신이 오늘 잘못된 질문을 한다면 내일 어떤 결과물이 나올까? 내비게이션에 목적지를 검색했는데 당신이 제대로 입력을 하지 않는 바람에 엉뚱하게 한강으로 돌진하라고 한다면 당신은 내비게이션의 지시를 따를 것인가? 생각만 해도 아찔할 것이다. 당신의 삶이 처음 생각대로 진행되지 못하는 이유는 그렇게 될 수밖에 없는 엉뚱한 질문을 했기 때문은 아닐까?

질문 속에 해답이 있다. 하루에도 수십 번씩 당신이 의식하지 못하고 남발하는 그 질문 속에 해답이 있다. 사람은 누구나 성공할 수 있는 힘을 지니고 태어났지만 당신이 성공할 수 있는 그 힘을 깨우치지 못하는 가장 큰 이유는 자신의 힘을 발휘할 수 없게 만드는 질문을 하기 때문이다.

뭘 해도 잘되는 사람과 아무리 해도 안 되는 사람의 가장 큰 차이점은 질문하는 방식에 있다. 그것은 아주 사소한 차이지만 그 사소한 차이가 만드는 결과는 매우 거대하다. 때문에 질문은 중요한 문제다. 여기서 우리는 '성공한 사람들은 항상 자신이 원하는 결과를 얻기 위해 질문을 한다'는 것에 주목해야 한다.

성공한 사람들은 자신의 성장을 돕는 독특한 질문 기술이 있다. 그래서 그들의 삶을 들여다보면 다른 사람의 인생에서는 찾아볼 수 없는 특별한 무엇을 발견할 수 있다. 그래서 나는 아홉 명의 성공한 사람을 소개하고 그들만의 독특한 질문법도 설명하려 한다. 그들의 인생을 꽃피게 한 질문에 대해서 이야기를 듣는 것만으로도 당신은 생각 이상으로 큰 도움을 받을 것이다.

만약 지금 당신의 삶이 뜻대로 되지 않는다거나, 이젠 좀 다른 인생을 살고 싶다면 가장 먼저 당신이 습관적으로 행하는 질문을 분석하고 바꿔보라. 운명을 바꾸는 첫 단추는 질문을 바꾸는 것이다. 성공한 이들의 삶을 통해 그들의 질문을 발견해내고, 그 질문으로 당신 안에 숨은 위대한 능력을 끌어내라. 그리고 다시 한 번 무너진 당신을 일으켜 세워라.

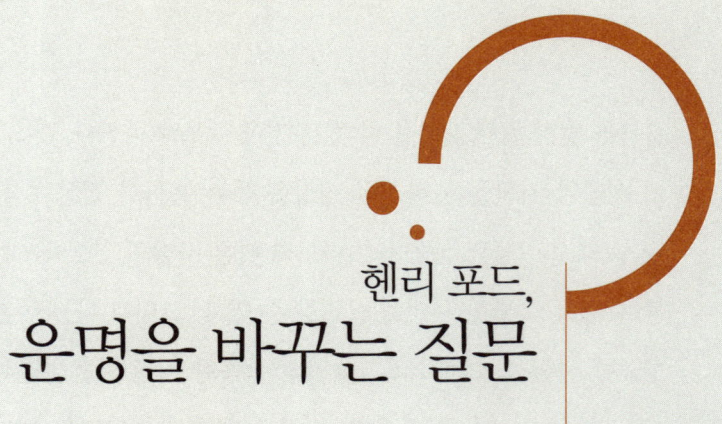

헨리 포드,
운명을 바꾸는 질문

20세기가 시작되자마자 쏟아져 나온 다양한 발명품들은 우리의 삶을 놀라울 정도로 풍족하게 만들어주었다. 영국 일간지 『인디펜던트』는 '세계를 바꾼 101가지 발명품'을 선정해 발표했다. 260만 년 전에 발명한 도구부터 오늘날까지 역사 속에서 인류의 삶을 바꾼 다양한 물품을 선정한 것인데 발명품 중에는 지우개, 수세식 변기, 주전자, 칫솔, 신용카드처럼 일상생활에서 흔히 쓰는 것이 많이 포함돼 있었다. 기원전의 발명품도 아홉 개가 선정됐지만 가장 많은 발명품이 나온 시기는 역시 20세기 이후였다. 필수품처럼 돼버린 휴대전화나 컴퓨터, 텔레비전 등 이 신문이 선정한 101가지 발명품 중 47가지가 20세기 이후 발명된 것들이니 20세기 이후의 인류가 얼마나 많은 발전을 했는지 짐작이 간다.

그 중에서도 획기적이라고 할 만큼 대단한 발명품은 바로 미국과 유럽을 중심으로 발달하게 된 자동차 제조업이라는 종합기계산업이다. 20세기가 시작되면서 지금까지도 그 이름을 떨치고 있는 씨트로앵, 벤츠, 르노, 포드, 푸조, 롤스로이스와 같은 세계적인 자동차가 모습을 드러냈다.

이들은 저마다 자사 자동차의 성능을 뽐내기 위해 세계 일주를 하기도 했고, 각종 자동차경주대회에서 경쟁을 벌이며 더 좋은 차를 만드는 데 힘을 아끼지 않았다. 그 결과 자동차산업은 꾸준히 발전해 나갔다. 그러나 그 이면엔 아쉬움도 있었다. 자동차산업이 발전해 나가는 것은 축하할 일이었지만 그 발전을 많은 사람이 누리기엔 자동차의 가격이 너무나 비싸 일반 대중들이 닿을 수 없는 거리에 있었다. 나는 여기에서 자동차의 발전만큼이나 의미 있는 업적을 이루어낸 한 명을 소개하려 한다. 그는 바로 자동차를 타고 싶다는 많은 보통 사람들의 꿈을 이루어준 포드자동차의 설립자인 헨리 포드다.

앞서 말했지만 기술이 발전하면서 더 성능이 좋은 자동차가 나왔다. 그만큼 자동차의 인기가 치솟으면서 자동차에 관심을 갖지 않았던 사람들까지도 자동차를 갖고 싶어 했다. 하지만 당시 자동차는 아무나 탈 수 없을 만큼 비쌌기 때문에 대중의 욕구를 충족시키지 못했다. 이때 자동차의 왕 헨리 포드는 자동차를 가지고 싶은 대중들의 수요가 절실하다는 것을 인식하곤 고민에 빠졌다. 그리고 스스로에게 이런 질문을 던졌다.

"어떻게 하면 좀 더 많은 사람이 자동차를 가질 수 있을까?"

도시의 봉급생활자라면 누구나 무리 없이 차를 구입할 수 있을 만큼 저렴한 자동차를 만들어야 했다. 결국 답은 대량생산을 통해 가격을 내리는 방법뿐이었다. 하지만 '더 많은 사람이 자동차를 타게 만들고 싶다'는 포드의 생각은 그 당시 많은 경쟁 자동차업체에게 무시당했다. 그들은 동시에 한목소리로 포드에게 "망하려면 무슨 짓을 못 해!"라고 말하며 대중을 위한 자동차를 만들고 싶어 하는 포드의 의지를 꺾어놓았다. 그들은 자동차는 누구나 가질 수 없는 사치품이며, 소수의 부유층만이 가질 수 있는 물건이라고 생각했다. 하지만 포드는 보기 좋게 자신의 목적을 이루어냈다.

그는 어떻게 모두의 예상을 뒤엎고 성공할 수 있었을까? 답은 자동차는 어차피 소수를 위한 사치품이라는 고정관념을 깨고 일반 대중에서 고객을 찾은 그의 선택에 있었다. 좀 더 깊숙이 들어가면 그 선택을 올바른 방향으로 움직인 그의 질문에 있었다.

더 많은 사람에게 자동차를 탈 수 있는 기회를 주고 싶었던 그의 생각은 기존의 자동차 제조공정을 획기적으로 바꾸어놓았다. 보통 그 시절 자동차는 복잡한 구조 때문에 기술자들도 수리하는 게 힘들었다. 하지만 포드는 일반인들도 자동차를 탈 수 있게 하기 위해 '복잡해서는 안 된다', '기술 지식이 없는 일반인도 기본적인 정비는 가능해야 한다' 는 마인드로 자동차를 만들었다.

그래서 포드는 업계 처음으로 대량생산방식을 도입하여 서민용 자동차인 포드 T형을 만들었다. 이로써 많은 사람들이 자동차를 소유하고 싶은 꿈을 이룰 수 있었다. 당시 다른 자동차들이 1000달러 정도였는데 포드 T형은 440달러였으니 엄청나게 저렴한 가격에 판매된 셈이다. 더 중요한 것은 포드 T형이 성능은 그대로 유지하면서도 가격은 저렴했다는 것이다. 덕분에 포드 T형은 1914년부터 1927년까지 무려 1500만 대가 생산되었다. 포드는 기업가로서 시장을 독점한 자동차 왕이 된 것과 동시에 자동차를 가지고 싶었던 1500만 명의 꿈도 이루어준 셈이다. 그 후 자동차는 중산층의 대두와 대량생산으로 보통 사람들의 필수품이 되었고, 거대한 미국 경제력의 밑받침이 되었다.

세상을 바꾼 질문이 만들어낸 포드의 T형 자동차 덕분에 미국의 자동차산업이 발전하기 시작했다. 그 여파는 미국을 넘어 전 세계로 퍼져 나갔고, 곧이어 세계는 마이카 시대에 접어들었다.

결국 마이카 시대를 부른 결정적인 인물은 포드인 셈이다.

　하지만 포드는 자동차 기술에 관한 한 최초로 발명한 것이 하나도 없다. 그는 자동차도, 컨베이어 벨트도, 과학적 관리기법도 최초로 만든 사람은 아니었다. 하지만 그가 최초로 시도한 것이 하나 있다. 바로 '모든 사람이 자동차를 타게 만들고 싶다'는 의식의 전환이다. 이 최초의 희망사항이 이미 존재하는 기술과 기법을 하나로 묶어 세상을 바꿀 기적을 만들어냈다.

　'어떻게 하면 좀 더 많은 사람들이 자동차를 탈 수 있게 만들 수 있을까?'라는 작은 질문 하나가 만든 거대한 결과인 것이다. 그의 업적은 흡사 20세기 말에 컴퓨터가 대중화되는 현상과 비교될 정도로 엄청난 역사로 기억된다. 질문 하나가 세상을 바꾼 셈이다.

존 데이비슨 록펠러,
초심을 잃지 않는 자는
무너지지 않는다

맨해튼 중심부에는 광대한 면적의 비즈니스 복합 빌딩군으로 '도시 중의 도시'라 불리는 곳이 있다. 무려 열아홉 개의 빌딩으로 이루어진 대규모복합단지인 이곳은 5번에서 7번 애버뉴 사이와 49번가에서 52번가를 차지할 정도로 넓은 규모를 자랑한다. 수많은 기업과 대사관 및 상점이 들어서 있기 때문에 이들 빌딩에 출입하는 인원은 하루 25만 명에서 30만 명에 달하는 이곳은 바로 록펠러센터다.

이 모든 부(富)를 일군 주인공 록펠러는 1878년 4월, 미국 전체의 정유 능력에 해당하는 연간 360만 배럴을 보유하고 있었다. 시간이 좀 더 흐른 1881년이 되자 록펠러는 미국에서 생산되는 석유의 95퍼센트를 손에 쥐게 되었다. 재산 가치를 따진다면 현재 세계 최고 부자인 빌 게이츠의 재산의 세 배 정도에 달할 정도로 엄청난 양이다.

물론 그에 대한 평가는 다양하게 엇갈린다. 주로 받는 악평은 '협박과 매수를 통해 거대 독과점 기업을 구축한 아버지' 라는 표현이다. 그러나 나는 그의 부정적인 면을 바라보기보다는 다른 부자들과는 근본적으로 다른 그의 삶을 집중해서 분석하려고 한다. 내가 관심이 있는 것은 그가 가진 엄청난 돈이 아니라 그를 그렇게 만든 질문이 무엇이냐에 있기 때문이다.

1955년 록펠러는 그의 인생을 바꿀 질문을 발견한 결정적인 순간과 마주한다. 그해 그는 클리블랜드의 센트럴 고등학교를 졸업하고, 곡물과 다른 상품을 위탁 판매하는 업체인 '휴이트 앤드 터틀' 의 경리과 직원으로 입사해 회계장부를 기입하는 일을 했다.

록펠러는 첫 직장에 취업한 9월 26일을 그의 두 번째 생일로 기념할 정도로 정말 열심히 일했다. 대단한 일도 아니었고, 자기 사업도 아니었지만 훗날 이렇게 노력한 것이 언젠가 자신에게 쓸모가 있을 것이라 생각하며 자신의 회사인 것처럼 열심히 일했다. 조금이라도 자신의 행동이나 일 처리가 흐트러진다고 생각되면, 그는 매년 그의 두 번째 생일인 9월 26일마다 초심으로 돌아가는 질문을 던지며 자신을 독려해 나갔다.

초심을 기억하려는 그의 의지는 직장에 다닐 때만 확고했던 게 아니다. 일을 그만둔 후에도 매년 이 날이 되면 그때의 일을 돌아보며 초심을 다졌다. 록펠러는 매년 그가 처음 일했던 장소를 지나가다가 운전사에게 차를 세우게 하고 자신이 일했던 건물을 바라보았다. 그리고 평소의 그 엄격한 표정을 지우고 살짝 눈물까지 머금은 얼굴로 자신에게 물었다.

"저기 건물 좀 봐. 저곳은 내가 주급 4달러를 받으며 처음 일을 시작했던 곳이야. 지금의 내가 그때와 달라진 점이 있나?"

초심을 잃은 사람은 실패를 예약해둔 것과 다를 바 없다. 록펠러는 막대한 부를 이룬 후에도 늘 그가 처음 일했던 곳에 다시 찾아가 초심을 잃지 않기 위해서 노력했다. 성공이란 초심을 기억하고 잃지 않는 사람에게 찾아오는 보답이다. 초심이 더욱 애절할수록 성공 가능성도 높다.

록펠러는 비즈니스는 냉혹하게 했지만 생활은 철저하게 절약, 근면, 성실했다. 그가 평생을 지킨 절약, 근면, 성실은 어쩌면 그의 초심과도 같다. 가난할 때도 그랬지만 세계 최고의 부자가 된 후에도 그는 처음처럼 일기를 쓰듯 개인 회계장부를 썼고, 독실한 기독교 신자로 수입의 10분의 1은 반드시 헌금함으로써 십일조 원칙을 지켰다. 또 평생 술, 담배, 여자를 멀리하는 금욕의 삶을 살았다.

결국 록펠러는 초심을 잃지 않게 만드는 질문으로 1937년 97 세로 눈을 감을 때까지 근 백 년 동안 돈을 벌었고, 평생 많은 재산을 사회에 기부할 수 있었다. 초심은 그의 인생 그 자체였다. 초심을 잃지 않는 자는 절대 무너지지 않는다.

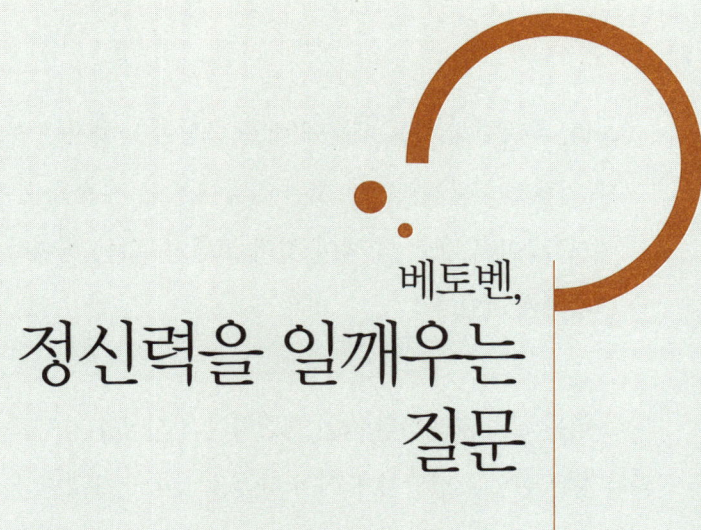

베토벤,
정신력을 일깨우는
질문

하이든과 모차르트와 함께 빈 고전파를 대표하는 독일의 작
곡가인 베토벤은 1802년, 그의 나이 서른한 살 때 하일리겐슈타트
에 머무는 동안 이젠 거의 들리지 않는 현실과 마주하며 다음과
같은 유서를 썼다.

"무려 6년 동안이나 비참했던 내 상황에 대해서 한 번 생각해

보라. 무능한 의사들 때문에 자꾸 증상이 나빠지는 것도 모른 채 언젠가 회복되리라는 헛된 희망에 속은 세월을 한 번 생각해보라. 이젠 나도 이 병이 절대 고칠 수 없는 병이라는 것을 인정하게 되었다."

우리는 그가 처음부터 강한 정신력과 천재성을 가지고 귀가 들리지 않는 현실을 당당하게 이겨 나갔을 것이라 생각한다. 그래서 그를 불굴의 의지를 지닌 천재라고 말하곤 한다. 하지만 유서를 살펴보면 베토벤 역시 귀가 들리지 않는 것을 큰 시련으로 받아들였다.

베토벤이 그러하듯 고통은 누구에게나 같은 무게로 찾아온다. 그걸 느끼는 사람이 어떻게 받아들이느냐에 따라 고통의 수위가 결정되는 것뿐이다. 놀랍게도 그가 남긴 398개의 작품 중에 우리가 아는 거의 모든 교향곡들은 그가 청력을 상실했을 때 만든 곡들이다. 오히려 고통스러운 순간에 더욱 아름다운 곡을 만들 수 있었던 베토벤의 질문은 무엇이었을까?

1793년, 스물두 살이 된 베토벤은 당시 음악의 도시였던 빈에 머물렀다. 베토벤은 천재 음악가인 모차르트가 활동했던 빈에서 모차르트를 능가하는 위대한 음악의 세계를 펼쳐 보이고 싶은 열정을 가지고 있었다. 비록 현실은 힘들지만 위대한 음악의 세계를 펼쳐 보이고 싶은 열정 하나로 음악 공부는 물론이고, 생활고도 직접 해결해 나가며 공부했다.

당시 최고의 음악가인 하이든, 요한 밥티스트 셴크, 요한 게오르그 알브레히트베르거, 안토니오 살리에리, 엠마누엘 알로이스 푀르스터 등을 스승으로 모시고 음악의 여러 장르를 섭렵하며 조금씩 실력을 키워 나갔다. 그렇게 몇 년이 지난 1796년, 베토벤은 수첩에 이렇게 적으며 자신을 키울 질문을 찾아냈다.

"육신은 아무리 가냘프고 약할지라도 나의 정신은 꼭 이기고야 말리라! 스물다섯 살! 나도 이제는 스물다섯 살이다. 인간으로서 모든 역량을 드러내야 할 나이가 된 것이다. 내 여건이 어떻든 지금 나는 내 모든 역량을 드러내야 할 시기가 아닌가?"

이때 베토벤은 차츰 청력을 잃어가고 있던 암울한 시기였다. 최고의 음악가를 꿈꾸는 사람에게 불행하게도 무엇보다 소중한 청력이 사라져버리는 순간이었다. 그런 고통스러운 시기에 베토벤은 오히려 힘을 내어 자신의 모든 역량을 이끌어낼 수 있는 질문을 던졌다. 그리고 "가능하면 이 처절한 운명과 싸워보고 싶네. 청력을 잃고도 위대한 음악가가 될 수 있지 않겠는가?"라고 말하며 강한 정신력을 바탕으로 수많은 작품을 만들어냈다.

보통 베토벤의 음악은 3기로 나눈다. 2기 이후로는 거의 청각을 잃어버리고서 만든 작품이지만 그 작품 대다수가 시대를 초월

한 뛰어난 작품으로 아직까지도 만인에게 사랑을 받고 있다. 1814년부터는 아예 아무것도 들을 수 없는 귀머거리가 되었지만 그 같은 고통 속에서도 위대한 작품을 만들어냈다. 귀머거리가 된 후 발표한 그의 모든 작품은 그가 아니면 절대 도달할 수 없는 위대한 음악 수준을 보여주었다. 귀가 들릴 때보다 들리지 않았을 때 베토벤은 더욱 위대한 작품을 만들어낸 것이다.

그것은 모두 "내 여건이 어떻든 지금 나는 모든 역량을 드러내야 할 시기가 아닌가?"라는 질문으로 자신 안에 숨어 있는 두려움을 사라지게 만들었기 때문이다. 당신의 운명이 아무리 당신을 괴롭히더라도 좌절하거나 두려워하지 마라. 이기는 질문을 통해 현재의 고통을 이겨나가라.

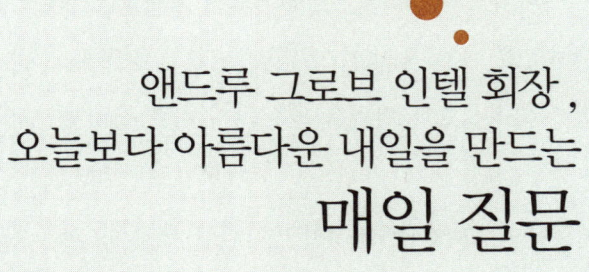

앤드루 그로브 인텔 회장 ,
오늘보다 아름다운 내일을 만드는
매일 질문

기업에서 평사원으로 시작해서 사장이 되는 것은 거의 불가능에 가까울 정도로 어려운 일이다. 더욱이 그게 대기업이라면 확률이 1000대 1이 훨씬 넘어갈 정도로 가능성이 희박한 일이다. 하지만 그 희박한 가능성을 현실로 만들어내고, 사장이 된 후에 훌륭한 성과까지 일군 인물이 있다. 바로 인텔을 세계 최고의 회사로 만들어낸 앤드루 그로브다.

앞서 말했듯 그가 대단한 이유는 인텔의 창업주도, 최대 주주였기 때문이 아니다. 그저 일개 연구원으로서 실력을 인정받아 경영진에 참여하였고, 점차 능력을 인정받아 최고 경영자가 된 후 그만의 강력한 리더십으로 인텔을 최고의 위치로 올려놓았기 때문이다.

앤드루 그로브는 1936년 9월 2일 헝가리 부다페스트에서 태어났다. 유대인인 그는 어린 시절 독일의 홀로코스트(제2차 세계대전 때 일어난 나치스에 의한 유대인 대학살)를 피해 가짜 신분증명서를 만들어 가까스로 목숨을 건질 수 있었다. 제2차 세계대전이 끝난 후에는 소련군의 압제에서 벗어나기 위해 1957년 미국으로 망명해야 했다. 좀 더 자유로운 생활을 위해 미국으로 망명했지만 생활은 나아지지 않았다. 그는 전쟁 포로를 가두는 뉴저지의 킬머 수용소에서 잠시 지내다가, 단돈 20달러를 쥐고 수용소에서 나왔다. 그리고 숙부의 아파트에 얹혀살면서 그가 진정으로 하고 싶었던 공부를 시작했다.

하지만 숙부의 형편도 좋은 것만은 아니었기 때문에 그가 가진 전 재산인 단돈 20달러를 가지고 그저 편하게 학교만 다닐 수 있는 상황은 아니었다. 그래서 그는 닥치는 대로 일했다. 하지만 아무리 일 때문에 피곤하고 지쳐도 밤에는 공부하는 것을 잊지 않았다. 낮에는 일하고 밤에는 공부하는 생활이 반복되자 가끔은 피곤함을 견디지 못해 접시를 깨뜨리기도 하고, 주인에게 혼나기도 했지만 그는 결코 무너지지 않았다. 오히려 그런 생사의 갈림길에서 그를 살릴 질문을 만들어냈다.

그 당시 내일이 존재하지 않았던 앤드루 그로브의 상황이 만들어낸 가장 현실적인 질문이었다. 그에겐 어제의 생존이 오늘의 생존을 그리고 내일의 생존을 보장해주는 것이 아니었다. 오늘 먹을 게 있다고 내일 먹을 걱정을 하지 않을 수는 없었다. 오늘보다 내일 더 성장하지 못하면 언제 사라지게 될지 알 수 없는 노릇이었다. 그래서 앤드루 그로브는 끊임없이 자신의 모습을 의심해가며 더욱 나은 자신을 만들기 위해 계속 질문을 던지며 지속적으로 성장했다.

"지금 내 모습은 어제보다 발전한 것인가?
혹시 고칠 것은 없는가?"

질문이 시작되자 이제 무슨 일을 해도 그는 두렵지 않았다. 아무리 힘들어도 이를 악물고 하루하루 최선을 다해 매달렸다. 그가 최선을 다할 수 있었던 까닭은 질문을 통해 늘 자신의 어제를 반성하며 더 나은 오늘을 만들고자 하는 그의 노력 때문이었다.

그의 질문은 인텔의 회장이 된 후에도 힘을 발휘했다. 1980년대 중반 인텔이 경쟁사들과 가격경쟁에서 밀려 심각한 위기에 빠졌을 때였다. 회사는 어려웠지만 인텔 직원들의 콧대는 여전히 높았다. 메모리 반도체는 사실상 인텔이 개발해서 만든 시장이었기 때문에 자신들이 뒤쳐진 상황을 인정하지 않았다. 그들의 생각에 자기가 만든 시장에서 경쟁자들에게 뒤쳐진 것을 인정하고, 아예 철수해버리는 것은 자존심이 상하는 일이었기 때문이다. 그래서 인텔의 모든 임직원은 반도체 사업 철수를 반대했다. 그건 그들의 자존심과도 같았다. 하지만 이때 그는 또 한 번 자신을 키운 질문을 던졌다.

**"지금 인텔의 모습은 어제보다 발전한 것인가?
혹시 고칠 것은 없는가?"**

그러자 모든 게 선명해졌다. 그 역시 임직원들의 이야기에 빠져 과거의 성공에 잠시 도취되어 있었으나 자신의 질문으로 인해 시장을 객관적으로 바라볼 수 있었다. 그 후 아무리 계산해도 메모리 반도체 분야에서 인텔은 승산이 없다는 결론을 내렸다. 다른 건 아무것도 필요하지 않았다. 어제의 데이터가 해답을 말해주고 있었다. 결국 인텔은 과감하게 업종을 바꿨다.

물론 그해에 이전에는 없던 엄청난 적자가 났고, 8000명의 직원을 떠나보내는 고통을 감수해야만 했다. 그러나 그 뒤 10년 동안, 인텔은 흑자를 이어가면서 마이크로프로세서 분야의 일인자로 올라섰다. 마침내 앤드루 그로브의 질문 하나가 어제보다 발전

116

한 오늘을, 오늘보다 발전한 내일을 인텔이라는 기업에 선사한 것이다. 이때의 경험을 그는 이렇게 말한다.

"오직 한 가지 일에만 몰두하는 편집광만이 살아남습니다. 기업 경영에서 자기만족은 가장 큰 적입니다. 편집광은 계속 의심하는 사람입니다."

결국 그는 매순간 자신의 위치를 의심하며 좀 더 나은 내일을 만들기 위해 노력했기 때문에 지금의 위치에 오를 수 있었다. 어제보다 아름다운 내일을 만들고 싶다는 그의 질문이 그를 위대하게 만들었다. 이렇게 그는 어릴 때부터 어제와 오늘을 돌아보는 미래형 질문으로 조금씩 더 진화된 삶을 살 수 있었다. 더불어 그 질문으로 위기에 봉착했던 인텔을 다시 일으켜 세계적인 기업으로 만들어놓았다.

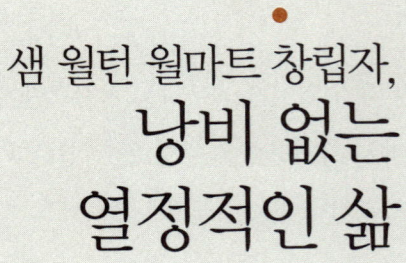

샘 월턴 월마트 창립자,
낭비 없는
열정적인 삶

"내가 낭비하는 한 시간은 내 남은 삶에서 나오는 것이다"라는 말 그대로 인생을 살았던 사람이 있다. 그는 미국에 본사를 둔 할인점 업체의 설립자로, 『포춘』지가 선정한 세계 500대 기업 중 1위를 차지한 위대한 기업을 만들고 키운 사람이다. 또 2003년에는 '세계에서 가장 존경받는 기업 1위'로 선정되어 유통업계 최초로 경영 실적과 윤리 경영 모두 세계에서 인정을 받게 되었다. 이 위대한 기업을 만든 사람은 바로 월마트스토어주식회사(Wal-Mart Stores, Inc.)의 설립자인 샘 월턴이다.

그는 평생 시간을 낭비하지 않았고 성공에도 안주하지 않았다. 월턴은 무슨 일이 있어도 새벽 4시 10분이면 사무실에서 홀로 일을 시작했다. 보통 사람들이라면 새벽 4시는 한참 자고 있을 시간이다. 그는 침대에 가만히 누워서 버리는 시간을 가장 싫어했다. 그만큼 낭비하지 않는 삶을 살았고, 하루 중 태양이 가장 뜨겁게 불타오르는 정오 무렵에 테니스 치는 것을 좋아할 정도로 열정적이었다.

그는 월마트를 창업할 당시 스스로에게 한 가지 질문을 끊임없이 던졌다. 이는 훗날 월마트를 세계적으로 키우는 성공의 시발점이 된다.

"월마트가 낭비하는 1달러는 어디에서 나오는 것인가?
그리고 내가 낭비하는 시간은 누구에게서 나오는 것인가?"

이러한 질문을 통해 '같은 상품이라도 어떤 곳보다 싼 가격에 판매하겠다'는 월마트의 판매 전략을 만들었다. 샘 월턴은 '월마트에서 낭비하는 1달러는 결국 소비자의 주머니에서 나오는 것'이라는 사실을 잊지 않았다. 이는 월마트를 키운 결정적인 질문으로 작용하였다. 물론 요즘엔 저렴한 가격에 의한 대량 주문이 경제적이라는 사실을 모르는 사람은 없을 것이다. 하지만 당시만해도 샘 월턴의 이런 유통전략은 매우 파격적이었다.

대부분의 사업이 그렇듯이 어느 지역에서 어떤 사업이 잘되면 모든 가게가 하던 일을 그만두고, 잘되는 쪽으로 방향을 튼다. 그때도 마찬가지였다. 그가 성공을 거두면서 교묘하게 그의 방식을 모방하는 상점들이 급증하기 시작했다. 설상가상으로 건물주가 그 자리를 자신의 아들에게 맡겨 장사할 속셈으로 임대계약을 연장해줄 수 없다고 통보해왔다. 하지만 그는 실망하거나 분노하지 않았다. 그에게는 원칙과도 같은 질문이 있었기 때문이다.

"월마트가 낭비하는 1달러는 어디에서 나오는 것인가?
내가 낭비하는 시간은 누구에게서 나오는 것인가?"

이 질문은 그를 끊임없이 움직이게 만들었고, 경쟁자를 걱정할 시간에 차라리 발전 방안을 모색하게 만들었다. 아직도 월마트가 운이 좋아 하룻밤 사이에 대성공을 거두었다고 생각하는 사람이 많다. 하지만 성공은 결코 하룻밤에 이루어지지 않는다. 훌라후프가 유행하던 시기에 월턴이 어떻게 사업을 진행했는지 안다면 그의 하룻밤 성공에 대한 오해가 쉽게 풀릴 것이다.

훌라후프가 유행하자 월턴은 다른 업자와 절반씩 투자하여, 훌라후프와 똑같은 크기의 호스를 만들 수 있는 기술을 가진 제조업

120

자에게 호스를 대량으로 공급받아 비좁은 다락방에서 직접 훌라후프를 만들었다. 스스로 재빨리 움직여 자신의 시간도 낭비하지 않고 고객이 지불해야 할 비용도 낭비하지 않도록 한 것이다. 결국 아칸소 북서부 지역 아이들 대부분이 월턴의 손을 거친 훌라후프를 하나씩 갖게 되었다. '고객이 지불해야 할 1달러를 아끼겠다'는 생각으로 가격경쟁력을 확보하기 위해 직접 제조하는 것도 마다하지 않았기 때문에 가능한 일이었다.

그는 대단한 재능을 지닌, 타고난 사업가는 아니었다. 그저 극히 단순한 자신의 질문을 철저히 지켜 나갔을 뿐이다. 낭비하지 않는 열정적인 삶을 살며 고객을 위해 더 저렴하게 구입해 더 저렴하게 판매하는 것이 전부였다. 결국 그가 성공할 수 있었던 요인이 그때는 없었던 할인점 형태를 만든 획기적인 아이디어 때문만은 아니었던 것이다. 그의 성공은 '시간과 돈을 낭비하지 않겠다'는 질문을 현실로 옮기기 위해 가공할 만한 노력을 쏟아부었기 때문에 가능했다.

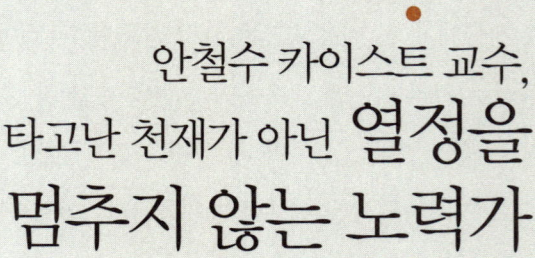

안철수 카이스트 교수,
타고난 천재가 아닌 **열정을**
멈추지 않는 노력가

우리는 어떤 일을 시도하고, 그 일이 생각만큼 잘되지 않았을
때 이렇게 이야기하며 위안하곤 한다.

"그건 죽어도 못할 것 같아. 세상엔 아무리 노력해도 안 되는
일이 있어."

그들은 어느 정도로 노력하고서 그런 말을 하는 것일까? 정말 그런 말을 할 정도로 노력을 했는가? 나는 이 부분에서 다산 정약용 선생에 대해서 이야기하려 한다. 그는 경학자이자 예학자, 목민관이자 사학자, 기계공학자, 교육학자, 지리학자, 토목공학자, 의학자로 활동하며 18세기의 대표적인 르네상스형 지식인으로 살았다. 보통 사람들은 엄두도 내지 못할 많은 일을 하려다 보니 그는 늘 할 수 있는 '최대의 노력'을 할 수밖에 없었다.

그 결과 보통 사람은 상상조차 못할 일이 일어났다. 늘 돌부처처럼 앉아 저술에만 힘쓰다 보니, 방바닥에 닿은 복사뼈에 세 번이나 구멍이 뚫린 것이다. 나중에는 통증 때문에 앉아 있을 수가 없어 아예 벽에 시렁을 매달아놓고 서서 작업을 계속했다는 이야기도 있다. 노력이란 그런 것이다. 더 이상 움직일 힘이 남아 있지 않을 정도로, 이젠 더 이상 어떻게 해볼 수 없을 정도로 한 후에야 노력했다고 말할 수 있는 것이다. 그런 노력 끝에 그는 귀양에서 풀려 집으로 돌아오면서 자신이 정리한 232권의 경집(經集)과 260여 권의 문집을 들고 올 수 있었다. 복사뼈에 구멍이 뚫릴 만큼 최선을 다한 노력의 대가를 얻은 것이다.

아직 다산 정약용 선생이 쌓아온 업적에는 미치지 못하지만 여러 분야에서 최고의 활동을 벌이는 사람이 한 명 있다. 처음에는 서울대 의대를 졸업한 촉망받는 의학도로 활동하다가, 그 후에는 보안전문 벤처기업인 안철수연구소의 최고경영자로 활동했다. 그 후 어느 날 갑자기 모든 것을 버리고 아무도 모르게 미국으로 사라져 3년간 미국 유학을 마치고 돌아왔다. 그리고 이제는 KAIST의 석좌교수로 모습을 드러낸 사람이 있다. 보통 사람이라면 적어도 세 번 정도는 태어나야 이룰 수 있는 것을 겨우 반평생 동안 그것도 완벽하게 다 이루어낸 그의 이름은 안철수다.

안철수 교수는 의사에서 벤처기업인, 교수로 끊임없이 변신해온 데 있어서 '그 일 자체가 의미가 있는 일인지, 또 재미와 보람을 느낄 수 있는 일인지, 무엇보다도 내가 잘할 수 있는 일인지'를 생각하면서 일을 선택했다고 한다. 그렇다면 안철수를 만든 질문은 '내가 가장 잘할 수 있는 일은 무엇인가'였을까?

나는 그보다 더 깊은 질문이 있을 것이라 생각하고 좀더 자세히 그에 대해서 알아보기로 했다. 안철수 교수는 의사인 아버지 밑에서 자라면서 자연스럽게 자신 또한 나이가 들면 아버지처럼 의사로 살아가리라고 생각했다고 한다. 그런데 매순간 최선을 다하면서 열심히 살다 보니 오히려 의사를 그만두게 되는 순간이 오더라는 것이다.

CEO를 그만둘 때도 마찬가지였다. 경영 성과도 좋았고 미래도 밝은 CEO 자리를 스스로 사임하고 적지 않은 나이에 미국에서 공부하고 돌아와 이제는 한국의 과학 인재를 육성하는 교수가 되었다. 아무도 그가 지금의 길을 걷게 될지 몰랐다. 그리고 교수를 그만둔 다음에는 또 어떤 일을 할지 아무도 모른다. 다만 분명한 것은 그가 어떤 일을 하든지 매 순간 최선을 다할 것이라는 사실이다. 나는 이 부분에서 안철수를 만든 질문의 작은 실마리를 찾아낼 수 있었다.

그 실마리는 그의 군입대 시절 이야기를 들으며 확실하게 굳어졌다. 입대 당일 새벽까지 그는 밤샘 작업으로 백신 V3의 최초 버전을 탄생시켰다. 다른 학생들 같으면 입대 몇 달 전부터 술을 마시거나 여행을 다니면서 남은 자유 시간을 만끽했을 텐데 그는 전혀 그러지 않았다. 아니, 아예 그런 생각이 처음부터 그의 머릿속엔 없었다고 보는 게 맞을 것이다.

그는 완성한 백신을 재빨리 PC 통신으로 전송한 후에 입영열차를 타고 군의학교로 가 입대했다. 그런데 놀라운 것은 백신을 만드는 데 너무 열중한 나머지 정작 가족들에게조차 말을 안 하고 입대한 것이었다. 여기서 천재가 아닌 철저하게 몰입하고 노력하는 그의 기질을 엿볼 수 있다.

안철수에게 비교 대상은 다른 사람이 아닌 '과거의 나'와 '현재의 나'였다. 따라서 그는 늘 어떤 일을 하면서 자신이 부족하다는 생각이 들면 끊임없는 질문으로 자신을 채찍질했다.

"나는 지금 진심으로 최선을 다하여 노력하고 있는가?"

이렇게 질문하며 남들보다 두 배, 세 배 더 노력하며 일을 해결하기 위해 애썼다. 덕분에 그는 해결해야 할 어떤 문제에 부딪히면 빨리 끝낼 생각을 하는 게 아니라 미리 남보다 두세 곱절로 시간을 투자할 각오를 하며 최선의 노력을 다짐할 수 있었다.

안철수는 그것이야말로 평범한 두뇌를 가진 자신이 할 수 있는 유일한 방법이라고 믿었다. 안철수는 서른 살의 나이로 유학을 갔을 때도 최선을 다해 노력했다. 졸업할 무렵에야 펜실베이아의 명물인 단풍의 아름다움을 알았을 정도로 한번 빠지면 주변의 그 어떤 것도 안 보일 정도로 몰입하는 스타일이었으며, 그만큼 남들보다 몇 배의 노력을 쏟아부었다. 안철수 그의 삶이 천재가 아닌 최선을 다하는 노력가의 평범한 한 인간의 산물임을 증명하는 사례다.

당신은 어떤가? 정말 최선을 다해 노력하고 있는가? 정직하게 말해보라. 성공을 위해 무엇보다 먼저 갖춰야 할 것은 '정직'이다. 지금 말하는 정직은 타인 앞에서가 아니라 자기 자신 앞에서 솔직해지라는 것이다. 실패는 사람을 주저앉게는 만들지만 타락하게 만들지는 않는다. 당신을 타락하게 만드는 것은 바로 자신을 속이는 순간부터 시작된다. 당신 자신을 모르는데 어찌 당신의 마음과 몸을 움직일 수 있겠는가. 과거의 당신을 반성하기 위해 뒤로 한 발짝 물러서서 냉정하게 당신의 행동을 되돌아보라. 그리고 안철수의 그 위대한 성과는 결국 천재성이 아닌 노력의 대가였음을 잊지 마라.

스티브 잡스 애플 CEO,
또다시 일어나라

세상을 살아가면서 단 한 번의 실패도 맛보지 않고 살아가는 사람은 없다. 있다면 그건 아무것도 시도하지 않은 사람일 것이다. 우리는 살아가면서 크고 작은 실패를 경험하면서 살아간다. 하지만 문제는 실패 그 자체가 아니라 어떻게 하면 실패의 고통을 견디고 또다시 도전할 수 있느냐다. 세상에는 작은 실패에도 좌절감으로 무력하게 무너지는 경우가 많다.

하지만 누구보다도 뼈아픈 실패를 경험했으면서도 아무 일 없었다는 듯 다시 성공의 초석을 다지는 사람도 있다. 우리는 실패를 통해 중요한 교훈을 발견할 수 있고, 또 그것을 성공의 과정으로 삼을 수도 있다. 모든 분야에서 위대한 업적을 남긴 사람들은 성공이나 실패라는 영역에 집착하지 않는다. 다만 내가 믿는 것은 실패의 경험을 통해 교훈을 얻는 사람은 반드시 다음에 더 나아질 것이라는 사실이다.

커다란 실패를 겪은 후에 더 화려하게 재기에 성공한 기업인이 있다. 바로 애플신화의 주인공인 스티브 잡스다. 그는 어이없게도 지난 1985년 자신이 창업한 애플컴퓨터에서 쫓겨나는 신세로 전락했다. 자신이 만든 회사에서 쫓겨나는 사람의 심정은 어떨까? 짐작할 순 없지만 얼마나 큰 고통인지 대략 가늠해볼 수는 있을 것이다.

처음엔 스티브 잡스도 자신이 창업한 회사를 엉뚱한 사람에게 넘기고 분통이 터져서 울분을 참을 수 없었다. 그는 견디다 못해 프랑스와 이태리로 여행을 떠났다. 자전거를 한 대 구입해서 천막과 배낭을 챙겨 피렌체 산맥을 넘었다. 이렇다 할 삶의 목표도 없었기 때문에 아무도 만나지 않고 세월을 보냈다. 그는 거의 제정신이 아닌 상태로 실패의 충격에서 벗어나고자 했지만 실패는 빠져나올 수 없는 늪과도 같았다.

가난한 미혼모의 아들로 태어나 온갖 고생을 다하며 만든 회사였기에 고통은 더욱더 심했다. 사실 스티브 잡스는 친구네 집 거실에서 잠을 자고 빈 콜라병을 모아 끼니를 해결하며 살았던, 대학 중퇴의 학력이 전부인 지극히 평범한 청년이었다. 하지만 그는 놀랍게도 자신이 창업한 애플에서 쫓겨난 뒤 정확히 11년 만에 화려하게 복귀해 또다시 애플신화를 일궈냈다.

그는 회사에서 쫓겨난 뒤 온갖 방황 끝에 문득 '애플에서 해고당한 사건은 돌아보면 내 인생에서 일어났던 최고의 사건일지 모른다. 정말 독하고 쓰디쓴 약이었지만 이게 필요한 환자도 있다'는 생각을 하게 되었다. 그러자 마음속에서 실패를 딛고 다시 도전할 수 있는 질문이 떠올랐다.

"그래도 아직 내겐 사랑하는 일이 있다.
그렇다면 아직 실패한 것은 아니지 않은가?"

제아무리 큰 실패를 겪었을지라도 자신에 대한 믿음을 잃지 않는다면 가능성은 있다. 스티브 잡스는 인생에서 자신이 해야 할 사랑하는 일이 있었기에 반드시 시련을 이겨내고 다시 일어설 것이라고 생각했다. 그것은 변할 수 없는 자신에 대한 믿음과도 같았다. 그 후 다양한 시도를 거쳐 사업을 진행했고, 디즈니의 컴퓨터그래픽 애니메이션 회사인 픽스를 사들였다. 그리고 그것으로 대작 〈토이스토리〉를 만들고, 연이어 할리우드에서 대성공을 거

둔 후 다시 애플로 돌아왔다.

공교롭게도 11년 만에 그가 다시 애플로 돌아왔을 때 애플은 망하기 일보 직전이었다. 스티브 잡스는 자신을 쫓아낸 회사에서 아이팟 신화를 만들어냈고, 다시 한 번 애플을 세계 최고의 기업으로 발전시켰다. 스티브 잡스의 화려한 재기는 그렇게 시작되었고, 여전히 진행 중이다.

결국 지금 애플의 성공은 스티브 잡스가 쫓겨났기 때문에 가능했을지도 모른다. 그가 지금 만든 애플은 애플에서 쫓겨났을 때 다양한 사업을 하며 경험했던 것을 최대한 되살린 결과물이라 할 수 있다. 물론 그가 처음 애플에서 쫓겨났을 당시에는 자신의 미래를 예상할 수는 없었을 것이다. 그러나 11년 후, 다시 애플로 돌아와 지난 시간을 되돌아보면 과거 자신이 했던 경험들이 현재로 이어짐을 알 수 있다.

아무리 큰 실패를 경험했을지라도 자신의 가능성을 믿고 시련을 극복해 나간다면 해고당한 날이나 파산한 날이 머지않은 미래에는 인생 최고의 날로 기억될 수도 있다. 당신이 겪는 고통이 크다고 해서 무너지려 하지 마라. 스티브 잡스가 그랬던 것처럼 절대로 포기하지 말고 화려한 재기를 꿈꾸어보라. 절대로 포기하지 않겠다는 각오만 서 있다면 성공의 고지는 바로 당신이 서 있는 그곳이다. 그 확신이 당신의 삶을 변화시킬 것이다.

미국 최초의 여성 국무장관
매들린 올브라이트,

최악의 상황에서 배워라

우리는 보통 시련에 처하면 어떻게든 시련을 견뎌낼 생각만
한다. 하지만 시련을 그저 견뎌내야 할 대상으로 보지 말고, '이번
시련을 통해 무엇을 배울 수 있을까?' 와 같은 질문을 하며 배움의
대상으로 생각하는 게 좀 더 생산적일 수 있다. 이런 과정을 위해
이런 질문을 던져보라.

"왜 이런 일이 나에게 생긴 걸까?"

스스로 시련에 대해서 파악하고 넘어가면, 또다시 같은 시련이 되풀이되지 않는다. 그저 아무 생각 없이 "이것 또한 지나가리라"라고 말하며 견디기만 하는 사람에겐 평생 같은 시련이 수차례 찾아온다. 나는 "이것 또한 지나가리라"는 말을 좋아하지 않는다. 물론 언젠가는 지나가겠지만, 말 자체가 지극히 수동적이기 때문이다. 시련을 분석하고 "어떻게 하면 시련에서 배울 점을 찾아낼 수 있을까?"라는 질문을 던지는 능동적인 자세가 더 발전적이다.

대책 없이 그냥 시련이 지나가버리면 또다시 대책 없이 같은 시련을 맞이해야 하기 때문이다. 무슨 일이든 그냥 오는 법은 없다. 좋은 일이든 나쁜 일이든 그것들은 적당한 시점에 당신을 찾아온다. 수첩에 당신의 시련을 분석하여 기록해보라. 일주일이나 월 단위로, 크게는 연 단위로 기록을 해서 자주 돌아볼 수 있도록 만들라. 그리고 "내 인생에 시련은 끝이 없군"보다는 "이번 시련의 뜻은 무엇일까? 무엇을 배워야 하는가?"라는 능동적인 질문을 통해 시련을 파악해 나가라. 그게 당신의 인생을 달라지게 한다.

여기에 아주 특별한 여자가 있다. 그녀는 마흔다섯 살의 나이에 남편에게 "나는 젊은 여자를 사랑하고 있어"라는 어처구니없는 말을 듣게 된다. 그리고 곧 남편은 평생을 평범한 주부로 살아왔던 아내에게 이혼을 통보한다. 부부를 지켜보던 사람들은 그녀의 슬픔이 매우 클 것으로 예상했다. 왜냐면 그녀는 지금까지 오직 남편에게 초점을 맞추어 살아왔기 때문이다.

물론 그녀는 남편의 입에서 "젊은 여자와 살고 싶다"는 말이 나오고, 결국 이혼을 통보 받았을 때 뼈아픈 고통을 느꼈다. 그러나 그녀는 다른 사람들의 예상처럼 오랫동안 절망에 빠져 지내지는 않았다. 오히려 그녀는 지금 미국의 역사상 그 누구보다도 성공한 인물로 기억된다. 그녀는 세 딸을 둔 늦은 나이에 처음 사회생활을 시작해, 미국 역사상 최초로 국무장관(1997~2001년)이 되었다. 그 놀라운 이름은 바로 매들린 올브라이트(Madeleine Albright)다.

"왜 이런 일이 나에게 생긴 걸까?"

이혼을 한 후 잠시 시련에 빠졌던 그녀가 가장 자주 했던 질문은 '왜 내게 이런 일이 생긴 것일까'였다. 처음엔 불평과 불만에 쌓여 제대로 답을 찾을 수 없었다. 그러나 시간이 조금 지나자 답이 나왔다. 그녀의 생각이 자꾸 '왜 나는 이렇게 살아야 하나', '세상에 남편에게 버림을 받다니', '이젠 어떻게 살아야 하나'와 같이 부정적이었기 때문에 자꾸만 그녀에게 시련이 찾아온 것이었다. 이혼의 충격에서 벗어난 후 그녀가 바쁘게 살며 눈부신 성공을 거둘 수 있었던 이유는 자신이 처한 상황을 안 좋은 쪽으로 해석하지 않고, 되도록 긍정적으로 받아들였기 때문이다.

답이 나오자 그녀는 전과 다른 태도로 삶에 임했다. 그녀는 더 이상 자신의 운명을 떠난 것들에 연연하지 않기로 했다. 그래서 그녀는 가지지 못한 것에 초점을 맞추지 않고, 자신이 가지고 있는 것에 초점을 맞추며 살았다. 그녀의 그런 생각이 그녀를 더 많이 움직이도록 만들었다. 그녀에겐 이제 더 이상 가족을 책임질 남편이 없었다. 없는 것에 연연하다가는 할 수 있는 것조차 때를 놓쳐 버리게 된다.

남편을 잃은 대신 그녀는 이제 스스로 모든 것을 결정할 수 있는 결정권과 자유를 얻었다. 그녀는 그 결정권과 자유를 누리며 자신이 할 수 있는 일을 해나갔다. 그러던 그녀에게 놀라운 일이 일어났다. 1982년에서 1993년까지는 조지타운대학교에서 국제관계학 교수로 재직하였고, 대통령선거 캠프를 거쳐 1992년 빌 클린턴을 만난 것이다. 이듬해에는 UN 대사로 4년간 재직하면서 군사적 활동에서 미국의 역할을 증진시키는 업적을 쌓았고, 1997년에는 미국 상원에서 만장일치로 비준을 받아 국무장관이 되었다. 유대인에 체코 출신, 미국 사회에서 비주류였던 그녀가 최고의 자리에 오른 것이다.

올브라이트가 남편과 이혼하여 절망하면서 비참한 하루하루를 사는 것에 만족했다면, 그저 시련을 넘어가야만 하는 장애물로만 여겼다면 우연히 클린턴을 만났다 해도 능력을 인정받지 못했을 것이며 그녀는 결코 미국 최초의 여성 국무장관이 될 수 없었을 것이다. 무엇보다 중요한 것은 시련이 찾아왔을 때 그저 그 시련을 견뎌낼 것인지 아니면 시련을 통해 성장해 나갈 것인지를 선택하는 것이다.

최악의 상황에서도 통하는 질문은 시련을 통해 성장해 나가는 질문이다. 혹시 이런 불만을 가지고 있는가?

'나는 너무 나이가 많아서 이젠 늦었어.'

그렇다면 다시 올브라이트의 이야기를 처음부터 읽어보라. 나이 마흔다섯에 남편에게 이혼을 통보받고, 쓸쓸히 혼자 출발해 미국에서 최고의 자리에 오른 여성 올브라이트 앞에서는 어떤 핑계도 그저 핑계일 따름이다.

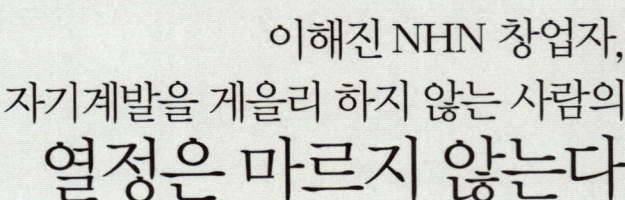

이해진 NHN 창업자,
자기계발을 게을리 하지 않는 사람의
열정은 마르지 않는다

"난 부자가 될 거야."

"뭐로?"

"내 아버지가 사업으로 부자가 되었으니까 분명 나한테도 사업의 자질이 있어. 난 사업으로 부자가 될 거야."

후배의 똑같은 대답에 답답해 하던 나는 늘 하던 대로 다시 후배에게 묻는다.

"그래, 그건 너무 자주 들어서 잘 알겠고 도대체 뭘로? 뭘로 부자가 될 건데?"

"아직 잘 모르겠어. 지금 찾고 있는 중이야."

"근데 너 지금 한 말도 십 년째 같은 거 알아?"

"그래도 섣불리 사업 시작했다가 망하면 어떡해."

"한 번이라도 망해보기나 해봐라. 그건 집을 아직 한 채도 안 가지고 있는 사람이 종합부동산세를 걱정하는 거랑 뭐가 다르냐."

씨앗을 뿌리지도 않고 열매가 나오기를 바랄 수는 없다. 씨앗을 심지도 않았는데 혹시 벌레가 생겨 열매가 나오지 않는 것을 걱정하는 것은 어리석은 짓이다. "지금은 아니야"라고 말하며 일단 물러나 시간만 축내고 있는 당신 자신에게 질문해보라.

**"도대체 지금이 왜 아닌가? 그렇다면 언제인가?
그렇다면 당신이 아니라고 하는 지금 성공하는
사람들은 어떻게 설명할 것인가?"**

지금 시작하지 않으면 당신은 영원히 아닌 것이다. 당신의 손에 백만 원밖에 없다고 1억을 버는 일을 시작하지 못하는 건 아니다.

빨리 시작해야 백만 원이 천만 원이 되고 마침내 1억이 되도록 만들 수 있다. '지금은 아니야'라는 어리석은 마인드에서 벗어나 '바로 지금이야'라는 행동하는 삶을 살아야 한다. 자신이 가장 잘할 수 있는 것을 발견하고 시작할 수 있다면 그게 최고의 성과를 만들어낼 것이다.

여기에 평범한 직장인의 삶을 마감하고 사업가로서 씨앗을 뿌리고 최고의 열매를 가져간 주인공이 있다. 2007년에 인터넷기업 사상 처음으로 시가총액 10조 원을 넘어선 기업을 만들어낸 사람, 바로 NHN의 창업자인 이해진이다.

그는 NHN을 창업하기 전에 대기업에서 직장생활을 하는 평범한 직장인에 불과했다. 대학을 졸업하고 1992년 삼성SDS연구소에 입사한 후 5년 동안 남들처럼 직장에 다녔다. 하지만 이해진 의장에게 그때 직장생활은 지금 못지않은 치열함으로 남아 있다. 말단 사원이었지만 하루 여덟 시간 넘게 지내는 직장에서 자기계발을 게을리 하지 않았다. 그는 '직장에서 보내는 시간의 25퍼센트는 순수하게 자기계발을 위해 쓰라'는 원칙을 지켰다.

당시 이 원칙에 따라 하루 여덟 시간 중 두 시간을 자기계발을 위해 투자했다. 남들이 여덟 시간 동안 하는 회사 업무를 여섯 시간에 끝내려니 다소 무리도 따랐다.

그렇지만 퇴근 시간 이후에 잔업을 하는 한이 있더라도 두 시간의 자기계발 시간만큼은 철저히 지켰고 한 번도 게을리 하지 않았다. 하지만 무작정 자기계발을 할 수는 없었다. 그래서 그는 자기계발을 하기 전에 이런 질문을 던지며 방향을 잡아 나갔다.

"내가 가장 잘 설계하고 개발할 만한 기술이 무엇일까?"

3년 이상을 이 주제에 몰두해서 자기계발에 몰입했고, 찾은 답이 바로 검색엔진이었다. 최고의 포털사이트인 네이버는 그렇게 만들어졌다. 평범한 직장생활을 하고 있다고 평생 직장인으로 남을 것이라는 고정관념을 버려라. 당신의 인생을 바꿀 결정적 장면은 어디에 숨어 있는지 아무도 모른다. 다만 꾸준한 자기계발을 통해 강점을 찾고자 집중하는 시간을 보내야 한다. 이에 이해진 의장은 다음과 같이 자신의 이야기를 했다.

"남들보다 앞서가고 싶고 남들보다 빨리 성공하고 싶을 때, 자신의 환경부터 바꾸려고 한다. 그러다 보니 단숨에 현실을 뒤바꿀 만한 결정적인 사건을 찾아다니고, 지금 하던 일을 모두 접고 유학을 떠나기도 한다.

또 난생처음 해보는 분야에서 용감하게 창업을 한다거나 일하던 부서를 바꿔 달라는 사람들도 있다. 그러나 진정한 결정적 장면은 결국 지금 자기가 할 수 있는 '최선'을 찾아내는 것이다. 환경 때문에 자기가 하고 싶은 일을 할 수 없는 경우가 얼마나 되겠는가. 뭔가를 성취하겠다는 열정만 있다면 어떤 환경이라도 해낼 수 있다는 게 내 지론이다."

"일을 잘하는 사람은 종일 복사만 시켜도 남들보다 뭔가 다르게 업무를 개선하고 창의력을 발휘한다. 질량이 커다란 물체의 주변 공간은 구부러져 있다고 한다. 열정이 가득한 사람은 환경을 변화시킨다. 환경이 자신에게 맞춰져서, 내가 환경의 중심이 돼야 한다. 문제가 있는 것은 환경이 아니고 자기 자신이다. 오늘도 종일 일하면서 아무런 열정이나 성취욕을 느끼지 못하는 사람은 빨리 자신의 문제를 찾아서 자신을 변화시키라고 권하고 싶다."

직장인이라면 누구나 매일 똑같이 반복되는 현재를 떠나 언젠가는 화려한 변신을 하고 싶어 한다. 물론 그 '언젠가는'이라는 꿈을 꾸지만 그 꿈을 이루는 사람은 드물다. '언젠가는'이라는 주문은 결국 '언젠가는'으로 남게 될 뿐이다.

이해찬 의장은 직장인으로 한창 세월을 보내고 있을 무렵 창업을 생각하며 '도대체 지금이 왜 아닌가? 그렇다면 언제인가?'라는 질문을 통해 그 시기를 정했고, '내가 가장 잘 설계하고 개발할 만한 기술이 무엇일까?'라는 질문을 통해 자신이 가장 잘 개발할 수 있는 기술을 선정했다.

사업에 대한 모든 생각을 마친 그는 이를 실현하기 위해 자기계발 시간을 확보해서 가능성을 높여 나갔다. 직장인으로 사는 것이 나쁘다는 게 아니다. 혹시 만약 직장인으로 살고 있지만 언젠가는 자신의 일을 하고 싶다고 생각하면서 망설이는 사람이 있다면 이해진 의장의 질문으로 많은 깨달음을 얻을 수 있을 것이다.

꿈을 이루는
7가지 질문법

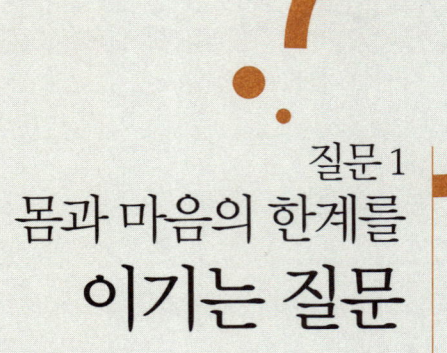

질문 1
몸과 마음의 한계를
이기는 질문

칭기즈칸은 철저하게 명예보다 실리, 즉 이기는 것을 우선
으로 생각하고 움직였다. 그래서 그는 정면 승부만을 고집하지 않
았고, 어떤 경우에는 적을 유인하기 위해 일부러 도망을 치면서
귀중품을 땅에 떨어뜨렸다. 적이 귀중품을 줍기 위해 전열이 흐트
러진 틈을 타서 공격해 승리를 얻기 위함이었다. 여기에 싸움에서
명예를 찾지 않고, 이기는 것에서 명예를 찾는 칭기즈칸의 정신이

잘 나타나 있다.

요즘 같은 경제 위기에서는 칭기즈칸이 그랬던 것처럼 명예보다는 '이기는 것'이 중요하다. 10만에 불과했던 몽골군대로 20여 년 만에 광대한 대제국을 건설했던 칭기즈칸처럼 '이기는 사람'이 되는 게 화두인 시대다. 너무나 세속적인 것이 아니냐는 질문을 던지며 반감을 가질 수 있지만 한 번 생각해보라. 우리는 명예롭게 죽은 사람보다 전투에서 이겼던 사람의 이름을 더 많이 기억하지 않는가? 명예가 길고 영원히 갈 것 같지만 사실 그렇지 않다.

얼마 전 끝난 2009년 프로야구에서는 타격왕 경쟁이 치열해서 마지막 게임까지 숨죽여 지켜봐야 할 정도였다. 신문이나 여론에서는 "LG 박용택 선수가 타율 3할7푼2리로 타격왕 타이틀을 차지했지만, 그 과정이 스포츠의 기본 덕목인 정정당당함과는 거리가 멀었다"라고 말하며 차라리 정정당당하게 명예로운 2등을 차지한 롯데의 홍성흔 선수에게 박수를 보내야 한다고 주장했다.

하지만 정말 2등이 아름다울 수 있을까? 그들의 말처럼 혹은 당신의 생각처럼 2등이 영원히 기억될 수 있을까? 그게 가능하다고 생각한다면 지금 당장 30시즌 가까이 되는 지난 모든 프로야구의 역사를 살펴보면서 타격 2등의 이름을 다섯 명만 대보라. 야구를 잘 모른다면 다른 스포츠도 상관없다. 축구도 좋고, 핸드볼도 좋다. 가장 많은 득점을 올린 선수가 아닌 2등 선수의 이름이 당신은 기억나는가? 스포츠가 아니라도 좋다. 어떤 발명품이라도 좋다. 그걸 두 번째로 발명한 사람의 이름을 당신은 기억하는가? 만약 기억한다면 그는 여전히 명예로운가?

1등의 이름도 기억하기 힘든 세상에서 어떻게 2등을 기억할 수 있을까? 쉽게 말해서 대체 누가 2등 따위에 신경을 쓰겠는가? 승리는 중요하지 않다. 스포츠나 인생이나 모두가 정정당당하게 겨뤄야 하고, 그게 값진 것이라고 말하는 사람들의 말을 듣지 마라. 최후에 이기는 자, 승자만 기억할 뿐이다. 승리가 전부는 아니지만 이 말을 바꿔 생각해보면 '승리가 거의 전부'라는 뜻이 된다.

이기는 것보다 중요한 것은 없다. 생각해보라. 대기업들은 왜 최고의 스타만을 광고 모델로 기용하겠는가? 왜 2급 스타들은 아무리 가격을 내려도 기용되지 못하는가? 최고의 스타들은 그 혹독한 인기 경쟁에서 최고의 위치를 선점했기 때문이다. 그리고 광고주는 그 최고의 이미지를 광고를 통해 보여주고 싶은 것이다. 이제는 칭기즈칸이 불리한 상황에서도 이기는 전략을 펼쳐 광대한 대륙을 호령했던 것처럼 당신 자신에게 다음과 같이 이기기 위한 질문을 던져 몸과 마음을 이기는 쪽으로 완전히 맞춰야 한다.

"결론은 이기는 게 목적 아닌가?"

모든 사람이 비슷비슷한 능력을 가지고 있거나 남보다 뛰어난 능력을 지닌 몇몇 사람이 있지만 승부를 가르는 것은 능력보다는 그들 안에 있는 승리에 대한 질문이다. 100퍼센트 공정하거나 정직하지 않으면 움직이지 않겠다는 사람에게는 승리할 기회가 찾아오기 힘들다. 승자는 조금은 다른 질문을 통해 이기는 사고방식을 만들어 나간다. 명예는 정정당당함에서 오는 게 아니라 이기는 데서 오는 것이다. 이기는 게 곧 명예다.

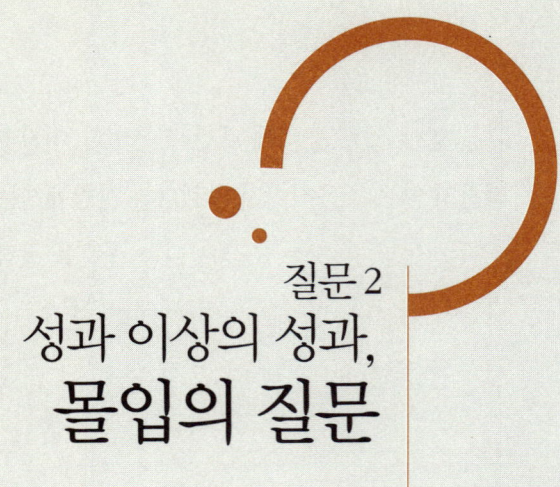

질문 2
성과 이상의 성과,
몰입의 질문

모든 사람은 제각각 자신의 분야에서 남들이 따라올 수 없는 탁월한 능력 하나는 가지고 태어난다. 그리고 자신이 능력을 발휘할 수 있는 분야를 발견해서 능력을 계발할 수 있는 일을 할 때 행복을 느낀다. 하지만 그것을 발견하고 그와 관련된 직장에서 일을 한다고 무조건 행복을 느끼고 일을 잘한다는 평가를 받는 것은 아니다. 잘하는 것을 '선택'했으면, 이제 거기에 '몰입'해야 한다.

제아무리 능력 있고, 그 분야에서 탁월할지라도 어느 정도 몰입의 단계를 거치지 않으면 생각만큼 성과를 거둘 수 없다. 따라서 뭘 해야 할지 분야를 선택했다면, 그게 무엇이든 당신이 선택한 일에 모든 정신을 집중해 몰입해야 한다. 그런 자세를 가지고 있지 않다면, 어디서 무엇을 해도 원하는 것을 이룰 수 없다. 예를 들어 직장에서 업무를 볼 때 집중을 하면 하루에 끝낼 수 있는 일도 집중을 하지 못하면 일주일이 지나도 끝마치지 못한다. 결국 집중하지 못하면 그 분야에서 아무리 능력이 뛰어날지라도 시간만 허비할 뿐 일이 진척되지 않는다.

이제 내 이야기를 하면서 몰입에 대한 이야기를 본격적으로 해보려 한다. 누구나 그렇듯 나도 신입사원 시절에 남들보다 잘하고 싶은 마음 때문에 늘 고민했다. 사람들을 많이 만나서 인맥을 늘려 나가야 하고, 아직까지 우리 회사가 진입하지 못한 시장을 뚫기 위해서 이런저런 것을 기획하는 등 하루 종일 일만 생각할 정도로 일에 몰입했다. 덕분에 여러 가지 일에 매달릴 수밖에 없었고, 거의 매일 야근하는 생활을 1년 넘게 이어갔다.

하지만 이상하게도 내가 1년 동안 이뤄낸 것은 아무것도 없었다. 다른 직원들보다 더 열심히 회사를 위해, 또 나 자신을 위해 일에 투자했는데 결과는 다른 직원들과 비슷하거나 조금 나을 뿐이었다. 그러자 회사생활에 조금씩 염증을 느끼게 되었다. 열정을 가지고 일하다가 스스로 지친 셈이었다. 하루는 직속 상사가 나를 불러 제법 진지한 표정으로 이런 이야기를 했다.

"자넨 늘 시간이 부족하지?"

그의 지적은 정확했기 때문에 나는 순간 얼어붙은 듯 움직일 수가 없었다. 실제로 나는 지난 1년 동안 매일 야근을 하면서도 늘 시간이 부족하다고 생각했다. 근무에 태만해서 야근을 하는 게 아니라 정말 시간이 부족할 정도로 이것저것 너무 많은 일에 신경을 쓰다 보니 자연스레 시간이 부족할 수밖에 없었다.

"자넨 언제까지 껍질만 깔 텐가?"
"네? 껍질을 까다니요?"
"나도 알고 있지. 지난 1년 동안 자넨 정말 열심히 일했어. 그런데 성과가 없지 않은가. 결국 어느 하나에도 집중하지 못하고 시간만 보낸 꼴이 된 거 아닌가? 알맹이를 먹어야지 껍질만 여러 개 까면 뭐하나?"

맞는 말이었다. 나는 언제나 마음이 바빴고, 그래서 더욱 몸을 그냥 내버려두지 않았다. 너무 많은 일에 대해 생각하다 보니 주말에도 일을 하지 않으면 불안할 정도라 정신병에 걸릴 정도였다. 그는 계속 말을 이었다.

150

"자네는 에디슨이 어떻게 전구를 발명한 줄 알고 있나? 그 비결 말이야."

"아, 에디슨은 수천 번 실패하면서 결국 전구를 발명한 것 아닌가요? 그렇다면 비결은 끈기가 아닐까요?"

그러자 상사는 이렇게 대답했다.

"자네도 충분히 에디슨이 발명한 전구 이상의 그 무엇을 발명할 수 있네. 하지만 지금의 자네로는 불가능하지. 에디슨은 수천 번의 실패에 대해서 '자신은 실패한 게 아니라 전구를 만들지 못하는 수천 가지 방법을 잇달아 발견한 것'이라고 대답했다는 사실을 자네도 알고 있겠지?"
"그럼요. 끈기가 참 대단한 것 같아요."

"그걸 끈기라고만 볼 수 있을까? 그렇다면 그 끈기가 나올 수 있었던 근본적인 이유는 무엇이겠는가? 그건 바로 몰입이지. 에디슨이 자네처럼 이것저것 모두 다 잘하려고 했다면 전구를 발명하기 위해 수천 번이나 실패하지 못했을 거네. 금방 포기하고 다른 걸 발명하려고 했겠지. 자네도 날마다 자네가 진정 원하는 것 하나에만 집중하면 뭐든지 이룰 수 있어. 단지 자네에게 부족한 것은 집중과 몰입이야.”

맞는 말이었다. 나는 늘 바빴고 이걸 하면서 저걸 생각했다. 결국 나는 하나에 집중하고 몰입하지 못했던 것이다. 우물만 여러 개 팠지 물이 나올 만큼 깊게 판 우물은 하나도 없었다. 상사의 질문을 받기 전까지 나는 내 능력이나 시간을 전혀 고려하지 않고 주어지는 모든 일을 맡으려 애썼다. 주어진 시간을 생각하지 않았고, 몰입하지 않았다. 돌아보면 그건 정말 어리석은 짓이었다.

당신도 혹시 ‘나에겐 시간이 없어’라고 불평하고 있다면 이 말을 기억하라. 시간은 언제나 충분하다. 충분하지 않은 것은 일에 대한 당신의 집중과 몰입이다. 그리고 시간이 부족하다고 생각하는 순간이 오면 ‘지금 나는 너무 많은 것을 맡고 있는 게 아닌가?’ 하고 자신에게 물어보라. 그 질문이 당신의 몰입을 도울 것이다.

그리고 일단 몰입하기로 선택했다면 ‘내가 선택한 이 일이 엉뚱한 게 아닐까? 다른 걸 선택해야 하는 게 아닐까?’라고 의심하지 마라. 문제는 당신이 하고 있는 일이 엉뚱한 게 아니라 어느 하나에도 제대로 몰입하지 못하고 있다는 사실이다. 엉뚱한 일인지 아닌지는 몰입을 통한 결과물을 내봐야 알 수 있다.

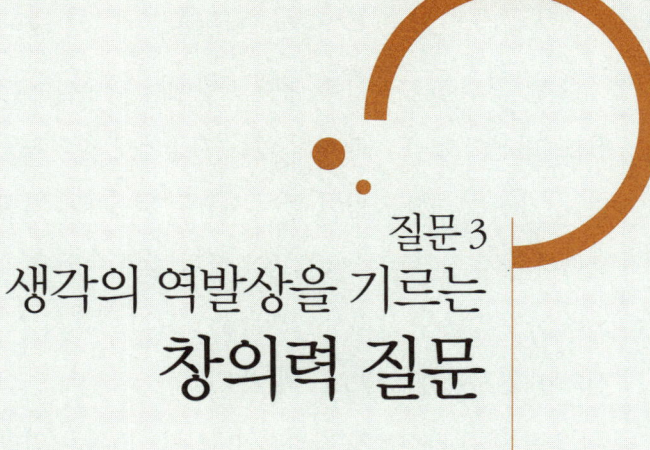

질문 3
생각의 역발상을 기르는
창의력 질문

사회생활을 하다 보면 "너는 정말 늘 생각이 비슷비슷해!", "좀 색다른 아이디어는 없나? 지루하잖아"와 같은 이야기를 자주 하기도 하고 듣기도 한다. 하지만 그런 이야기를 들을 때마다 가슴속은 막막해진다. 그래서 도대체 어쩌라는 건지 알 수가 없기 때문이다. 하지만 사실 혼내는 사람이나 혼나는 사람이나 해결할 방법은 없다. 그래서 더 막막할 뿐이다.

일단 창의력은 자신에 대한 사랑에서 나온다는 것을 알아야 한다. 자신의 삶을 사랑하지 않는 사람에게 창의력을 기대할 수 없다. 자신에 대한 사랑이 없는 사람은 자신에게 닥친 문제를 해결하려 하지 않기 때문에 기존에 쓰던 방법 이외에 다른 것을 찾으려 하지 않는다. 그래서 창의력을 기르기 위해선 기본적으로 자신의 삶을 사랑하는 태도를 가져야 한다.

그런 후에 자신에게 창의적인 질문을 던지는 연습을 해야 한다. 거듭 강조했듯 질문도 연습이다. 처음엔 아무것도 생각이 나지 않더라도 계속 반복하다 보면 좋은 질문이 떠오르고 그것이 삶을 변화시킬 획기적인 계기가 된다. 문제가 생길 때마다 창의적인 질문을 생각해보도록 노력하라. 늘 과거에 통했던 방법으로 일을 처리했는데 이상하게 일이 잘 풀리지 않는다면, 전과는 좀 다른 창의적인 질문을 생각해내고 그것으로 일을 처리하도록 해보라. 다른 사람들이 생각하는 낡은 방법으로 해결할 수 없는 것들을 창의적인 질문으로 해결하는 방법을 발견해내라.

물론 갑자기 창의력을 발휘하는 질문을 던지는 것은 어려운 일이다. 창의력을 발휘할 수 있는 질문을 던지려면 상상력을 최대한 발휘해야 하기 때문이다. 정답이거나 이론에 맞는 당연한 이야기를 하는 게 아니라 모든 불확실한 것을 포용하는 상태에서 질문을 던져야 가능하다.

그러기 위해서는 "이 일을 기존의 a방법으로 처리하면 어떤 결과가 일어날까?"라는 질문이 아닌 "이 일을 기존의 a방법이 아닌 그 반대의 b방법을 적용하면 어떤 일이 일어날까?"처럼 완전히 다른 방식으로 접근하는 자세가 필요하다. 같은 방식으로 일하면 같은 답이 나올 수밖에 없다.

그리고 주의해야 할 것이 부정적인 마음가짐으로 질문을 던지면 안 된다는 것이다. 부정적인 기대를 가지면 창조적으로 문제를 해결할 수 있는 자신의 능력을 스스로 제한하게 된다. 긍정적이고 뭐든지 가능하다는 열린 자세가 남들이 생각하지 못했던 창의적인 결과를 얻게 한다.

이런 창의적인 발상으로 만들어진 상품이 바로 선풍적인 인기를 끌었던 '비타 500'이다. 10년 전으로 돌아가보자. 그땐 '비타 500'과 같은 음료도 존재하지 않았던 시대다. 당신이 제약회사에 근무하고 있고, 뭔가 혁명적인 상품을 만들어내지 못하면 곧 회사가 망할 처지에 있다고 가정해보자.

물론 회사가 망하면 10년 이상 충성한 이 회사에서 당신은 당장 일을 잃게 될 것이다. 그만큼 당신은 지금 불안한 상황이다. 게다가 얼마 전, 회사에서는 '레모나'와 유사한 상품을 만들어서 시중에 내놓았으나 기존에 시장을 장악하고 있는 레모나에 밀려 연구개발비조차 뽑지 못하고 오히려 적자만 더 늘어나는 상황이다. 그래서 회사에서는 레모나처럼 비타민 제품을 만들어 경쟁에서 이기려고 한다.

당신은 어떤 방법을 선택할 것인가? 세상을 놀라게 할 창의성은 완벽한 과정을 통해 나온다. 일단 당신 앞에 닥친 문제에 대해 정의를 내려라. 그리고 당신의 머릿속에 떠오르는 새로운 아이디어를 전부 적어라. 이때 질이 아닌 양을 추구하라. 그리고 어떤 아이디어라도 비난하지 말고 모든 가능성을 열어둬라. 그렇게 자유로운 상태에서 생각하면 정말 무궁무진하게 많은 생각들이 떠오를 것이다.

우리는 후발업체이니 값을 조금 내려볼까? 아니면 분말 비타민 제품에 알약 비타민을 하나 더 끼워주는 형태로 만들어볼까? 집중해서 이런 생각들을 하다가 아이디어 목록을 한 번 살펴보라. 그리고 목록에 적힌 아이디어와 정반대의 생각을 해보라. 지금까지는 기존의 상품에서 더하거나 빼는 형태로 생각을 했지만 아예 새로운 것을 창조하는 형태로 생각을 전환해보자. 비타민을 분말로 만들고, 알약으로 만들었다면 이제 남은 질문은 무엇인가? '그래, 비타민을 물에 섞어보면 어떨까? 비타민 음료를 만들면 어떨까?'는 아닌가? 그렇게 해서 탄생한 것이 바로 '비타 500'이다. 비타 500이 무너져가는 광동제약을 흑자로 되돌려주었고, 그 후 효자상품 노릇을 하며 회사를 먹여 살리고 있다.

그때까지는 비타민을 분말 그대로 먹는 게 당연하다고 생각했다. 오히려 비타민을 물에 타는 게 이상하게 보이던 시대였다. 하지만 완전히 반대로 생각하고 아이디어를 내고 상품을 만들어서 회사를 살리는 상품을 만든 것이다. 모든 사람은 이런 식으로 아이디어를 내고 전혀 다른 방향으로 생각을 전환하여 완전히 새로운 정의를 만들어낼 수 있다. 문제를 보는 방식에 당신의 마음을 최대한 활짝 열어라. 그 틈으로 창의적인 해결책이 보일 것이다.

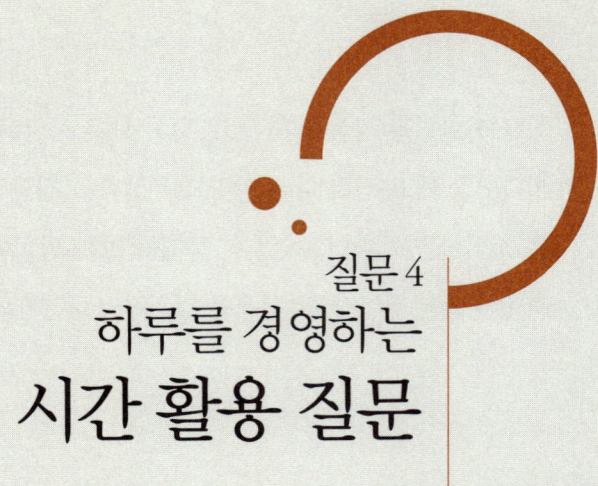

질문 4
하루를 경영하는
시간 활용 질문

어떤 일을 맡았는데 채 다 마치지 못했을 때 우리는 아쉬운 마음을 담아 "한 시간만 더 있었으면"이라고 푸념 섞인 말을 하며 한숨을 쉰다. 어쩌면 우리는 지금 아깝게 마무리하지 못한 일을 한 시간만 더 있었으면 정말 멋지게 마무리할 수 있었을지도 모른다. 그래서 우리는 늘 시간에 대해서 아쉬움을 느끼며 살아간다. 언제나 할 일은 많은데 시간은 부족하다. 그래서 해야 할 우선순

위가 항상 충돌하고 스트레스를 받으며 살아가는 게 현실이다.

하지만 그 모든 것이 당신의 잘못만은 아니다. 살면서 생각지도 못한 것들이 우리를 괴롭히듯 갑자기 처리해야 할 것들이 툭툭 튀어나와 당신의 시간을 갉아먹기 때문이다. 이럴 땐 적절하게 시간을 사용하고 관리할 수 있는 질문을 가지고 있는 게 좋다. 질문은 원칙과도 같은 역할을 해주기 때문에 시간에 대해 교통정리를 해준다.

일단 시간을 적절하게 관리하기 위해서는 하루의 일정을 정리하는 아침과 하루를 반성하고 내일을 생각하는 저녁 시간에 적절한 질문을 던지며 시간을 관리해야 한다. 일단 아침에는 "내가 오늘 반드시 마무리해야 할 일은 무엇인가?", "오늘 귀가했을 때 행복을 느끼고 싶다면 어떤 방식으로 일을 처리해야 하는가?" 정도의 질문이 적당하다.

그리고 저녁엔 "오늘 내가 제대로 일을 마무리하지 못한 이유는 무엇인가?", "일을 원활하게 진행하기 위해 내일 아침에 내가 생각해야 하는 질문은 무엇인가?" 등의 질문을 던지는 게 좋다. 원활한 시간 관리를 위하여 며칠만 이렇게 연습을 하고 실천해보면 눈에 띄게 좋은 결과가 나올 것이다.

아침에 하루 일정을 두고 질문을 던지면 체계적으로 일을 할 수 있도록 도와준다. 더불어 쓸모없이 낭비하는 남는 시간을 최대한 없앨 수 있어서 좋다. 잠자기 전에 하루를 반성하는 질문은 하루를 보내며 아쉬움을 정리하는 시간을 가질 수 있기 때문에 좋은 효과를 거둘 수 있다. 또 질문하는 시간을 끝낸 후 잠을 잘 때도 잠재의식 속에서 아쉬웠던 그 문제를 해결하려고 애쓸 수 있기 때문에 더욱 효과를 발휘한다. 설사 이런 질문을 해서 모든 일을 제시간에 끝내지 못했어도 아침저녁으로 질문을 하면서 왜 일을 처리하지 못했고, 어떻게 하면 처리할 수 있는지를 명확하게 구분하는 시간을 가질 수 있다. 이것만으로 시간 관리에 대한 스트레스를 덜 수 있다.

또 하나 중요한 게 자투리 시간이다. 시간 활용에 있어 빼놓을 수 없는 것이 자투리 시간을 활용하는 것이다. 자투리 시간을 잘 활용하는 자가 진정한 시간의 지배자다. 퀴즈 프로그램을 보면 가끔 전혀 고등교육을 받지 못한 할머니나 할아버지가 고학력의 젊은 출연자를 제치고 우승하는 경우를 볼 수 있다.

그들이 고학력의 젊은 출연자들을 이긴 비결은 자투리 시간의 활용에 있다. 그들의 이야기를 들어보면 완벽할 정도로 물 샐 틈 없이 시간을 잘 활용하였음을 알 수 있다. 버스나 지하철을 기다리는 시간과 화장실에서 머무는 시간을 활용해 공부하고, 생활 곳곳에 숨어 있는 불필요한 시간을 조금씩 제어해 나간다. 이들뿐만이 아니다.

세계적으로 자투리 시간을 활용해서 성공한 이들은 많다. 증기기관을 발명한 와트는 목수의 아들로 태어나 어려움을 겪으며 살

앗지만 일하고 남은 자투리 시간을 잘 활용해 공부를 한 사람이었다. '진화론'이라는 엄청난 업적을 이룬 찰스 다윈 역시 마차를 타고 다니는 틈틈이 미리 준비해둔 쪽지에 생각을 적어두는 방식으로 자신의 거의 모든 저작물을 집필했다. 자투리 시간을 활용하기 위해서는 자신에게 주어진 모든 시간을 제어할 수 있어야 한다. 다시 말해 시간을 지배해야 한다. 매일 자신의 시간을 돌아보며 스스로에게 이렇게 질문해보며 오전, 오후, 저녁에 무엇을 했는지 기억해보라.

"나는 오늘 내 시간을 모두 지배하여 시간의 주인이 되었는가?"

시간을 잘 활용하는 것의 핵심은 몇 십 분의 시간을 아껴서 아주 값지게 사용하는 것이다. 어차피 사람에게는 24시간이 동등하게 주어진다. 잠자는 시간, 먹는 시간 등을 빼면 사람들에게 주어진 시간은 거의 차이가 나지 않는다. 격차는 자투리 시간을 어떻게 보내느냐에 달려 있다고 해도 과언이 아니다.

하루 10분에서 20분의 자투리 시간을 잡아내면 하루를 충실히 보낼 수 있다. 하지만 문제는 많은 이들이 시간 경영에 노력을 쏟지 않고 있는 것이다. "시간이 없어서 일을 할 수가 없다"라는 것이 시간 경영에 실패한 대부분의 사람들이 공통적으로 말하는 내용이다. 아침 시간에 알람을 끄고 조금 더 침대에 누워 있을 시간은 있으면서 시간이 없다고 변명하는 것은 말이 되지 않는다. 짧은 시간이라고 우습게 여기지 마라. 자투리 시간의 활용은 모든 시간 계획의 기본이며 머지않아 당신에게 수십 배의 이득을 선물로 가져다 줄 것이다.

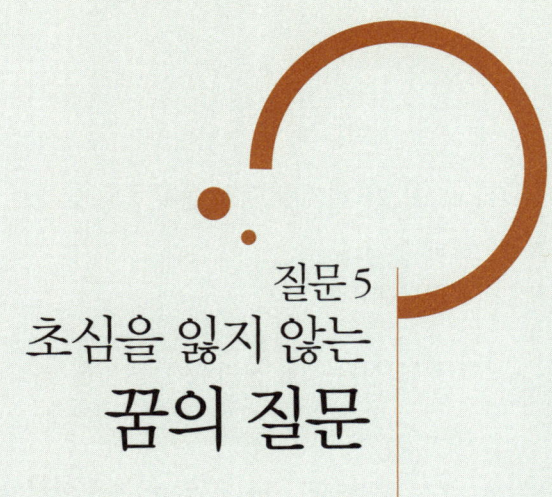

질문 5
초심을 잃지 않는
꿈의 질문

꿈이 없는 삶은 공허하다. 꿈이란 아무리 힘들어도 우리를 살아
가게 만드는 힘이기 때문에 더욱 중요하다. 하지만 사는 게 어려
워지다 보니 우리는 언제부터인가 꿈을 잃고 어제 했던 일을 오늘
다시 반복하면서 변화가 없는 삶을 살고 있다. 희망을 기대하지
않는 삶을 사는 것이다. 그리고 그런 삶의 태도는 어떤 일을 대할
때 너무나 쉽게 "할 수 없다"고 말해버리는 결과를 만든다. '이렇

게 살면 안 되는데, 뭔가 돌파구가 될 만한 일을 시작해야 하는데'
라고 고민은 하지만 정작 돌파구를 찾기는 쉽지 않다. 하지만 당
신에게 묻겠다.

"당신은 정말 돌파구가 될 만한 일을 찾고 있는가?"

혹시 생각에만 그치고 있는 것은 아닌가? 생각해보면 대부분
의 사람들이 20대엔 "내가 그 일을 하기엔 아직 어린 것은 아닌
가"라고 말하며 자신감 없는 모습을 보이며 어떤 일을 맡기를 거
부하는 반응을 보인다. 하지만 겨우 10여 년이 지난 30대의 나이
가 되면 "지금 와서 내가 그 일을 하기엔 너무 늦은 것은 아닌가.
힘들어도 지금까지 했던 일을 계속하면서 살아야지. 뭐"라고 백팔
십도로 다른 말을 하며 일 맡기를 거부한다. 겨우 10년 만에 무엇
을 시작하기에 너무 어린 나이에서 너무 많은 나이가 되어버리는
것이다. 결국 꿈을 잃어버리는 게 당연한 나이가 되어버린 것이
다. 그때나 지금이나 아무것도 하지 않겠다는 것엔 변함이 없다.

당신의 나이는 당신의 생각이 결정하는 것이다. 세상이 정한
당신의 나이가 마흔이라 할지라도 당신의 생각이 정한 나이가 서
른이라면 당신은 서른 살이다. 당신의 생각에 따라 당신의 인생은
언제나 무엇이든 시작할 수 있는 서른의 열정으로 가득 찰 수 있
다. 마흔이 되고, 환갑이 지난 후에 새로운 일에서 성공한 사람들

의 소식을 우린 마치 기네스북에 오른 사람들의 이야기처럼 듣는다. 하지만 그들 입장에서는 자신의 성공이 전혀 새로운 것이 아니다. 그들은 자신의 생각대로, 여전히 서른으로 살고 있기 때문이다. 평균수명이 80세 이상인 지금, 반도 못 산 나이 서른에 새로운 일에 도전할 용기를 잃은 채 너무 늦었다고 생각하면 그 인생은 너무나 비참하지 않겠는가.

"내 나이가 몇인데?"
"내가 그런 걸 할 나이냐?"
"그걸 하기엔 난 너무 어린 게 아닐까?"
"그걸 하기엔 난 너무 나이 든 게 아닐까?"

이제 이런 꿈을 앗아가버리는 쓸데없는 질문은 모두 잊어라. 너무 어리다는 당신의 생각이 당신을 더 나약하게 만들고, 너무 늙었다는 당신의 생각이 당신을 더욱 쇠약하게 만들 뿐이다. 대신 이런 질문을 던지며 꿈을 잃지 마라.

"나라면 충분하지 않겠어?"
"내 몸은 약하지만 내 꿈의 근육은 누구보다도 튼튼할걸?"

가능하다는 생각만으로 다 되는 것은 아니지만, 못한다고 생각하면 정말 못하게 된다. 포기만 하지 않으면 언젠가는 이룰 수 있다. 비록 지금은 꿈을 이루기에는 여러 가지 상황이 받쳐주지 못해도 당신의 꿈의 근육만 튼튼하다면 언제든 이룰 수 있다. 꿈을 향한 당신의 질문이 죽는 날까지 새로운 꿈을 향해 나갈 수 있게 만들어라.

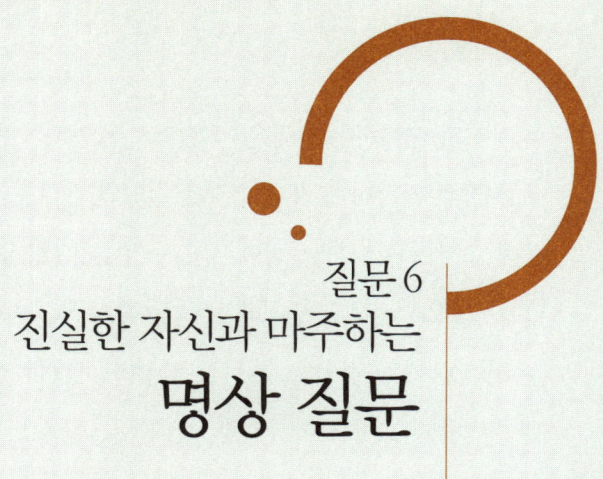

진실한 자신과 마주하는
명상 질문

사실 자신이 어디로 가야 할지 자신의 길을 모르는 사람은 별로 없다. 다만 살다 보니까 여러 가지 상황에 혼란을 겪으며 자신이 가야 할 길을 잃어버리는 것이다. 하지만 자신의 길을 잃지 않고 끝까지 갈 수 있어야 성과와 성취를 기대할 수 있다. 그러나 결코 쉽지 않은 것이 현실이다. 하지만 방법이 하나 있다. 그것은 바로 내면의 소리에 귀를 기울이는 것이다. 내면의 소리에 귀를 기울이며 자신과 대화하는 사람은 길을 잃지 않는다.

실제로 꾸준하게 자신의 길을 걸었던 간디는 일주일 중 하루를 정해 그날만은 다른 사람에게 일체 말을 걸지 않고, 다른 사람의 말을 듣지도 않았다. 침묵과 명상을 통해 오로지 자신만을 돌아보는 시간을 가진 것이다. 침묵과 명상하는 날이 있는 줄 모르고 많은 사람들이 그를 찾아왔지만, 간디는 그들을 만나지 않고 명상을 하고 물레를 돌리고 책을 읽었다. 그것이 간디가 자신의 길을 잃지 않고, 원하는 것을 이뤄낼 수 있었던 까닭이다.

간디를 통해 알 수 있듯 명상은 힘이 세다. 생각해보면 우리는 다음 날 아주 중요한 일이 있을 때, 잠자기 전에 그 일에 대해서 깊은 생각에 빠진다. 그 생각대로 꿈을 꾸기도 한다. 하지만 더욱 놀라운 것은 꿈꾼 것들이 다음 날 똑같이 일어나는 현상을 겪는 것이다. 긍정적으로 꿈을 꿨든, 부정적으로 꿈을 꿨든 그 꿈대로 현실이 되는 놀라운 일이 생기곤 한다. 그래서 잠들기 바로 전의 생각이 아주 중요하다. 그게 꿈이 되고, 다음 날 현실이 될 가능성이 높기 때문이다. 왜 이런 일들이 일어나는 것일까?

생각한 것이 꿈이 되고, 꿈이 현실이 되는 것은 미신도 아니고 최면은 더더욱 아니다. 우리의 잠재의식은 잠자는 동안에 내일을 준비한다. 내일 일어날 것들이 어떻게 진행되었으면 좋겠다고 미리 상상함으로써, 전날 밤에 다음 날 자신의 모습을 설정하는 것이다. 당신이 부정적으로 생각하면 당신의 잠재의식 속에서 내일에 대한 두려움이 생길 것이고, 그게 그대로 현실이 되어 두려움에 떨며 현실의 일을 그르칠 것이다. 반면 당신이 내일 일어날 일들에 대해서 강력한 자신감을 갖고 잠든다면 자신감 넘치는 그 생각이 긍정적인 꿈이 되고, 현실에서 당신에게 강력한 힘을 실어줄 것이다. 매일 밤 잠들기 전에 다음 날 해야 할 중요한 일을 생각하며 이런 질문을 던져라.

"지금부터 내게 좋은 일이 일어날 것 같아.
그러니까 내일 일도 다 잘되지 않겠어?"

자신감이 넘치는 질문은 당신의 잠재의식을 거쳐 내일의 일을 제대로 처리할 수 있도록 당신을 도울 것이다. 마음속으로 상상하며 질문하는 일이 쉽지 않다면 좀 더 확신을 갖고 허공에 그림을 그리듯 내일의 당신 모습을 상상해보라. 그리고 계속 질문을 던져라. 그런 반복이 당신의 자신감을 한층 끌어올려줄 것이다. 이렇듯 당신의 마음을 지배하는 주된 생각을 바꾸어 지금까지 당신을 지배해온 불만족스러운 현실까지도 바꿀 수 있다. 기억하라. 내일의 성공은 전날 밤 당신의 베갯밑에 있다.

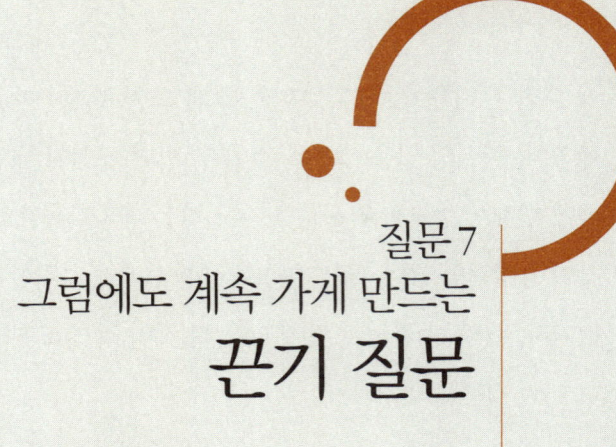

질문 7
그럼에도 계속 가게 만드는
끈기 질문

맹자는 하늘이 앞으로 어떤 사람에게 커다란 책임을 지우려 할 때는 반드시 먼저 그 마음과 몸을 괴롭고 고단하게 한다고 했다. 고난에 실망하고 좌절할 필요가 없다는 말이다. 아무리 귀한 옥이라 해도 갈고 다듬지 않으면 귀한 옥이 될 수 없다. 최근 미국의 버락 오바마 대통령이 워싱턴에서 열린 '미·중 전략·경제대화' 석상에서 맹자의 말을 인용하여 화제가 되었다.

"산속에 난 좁은 길도 계속 다니면 금방 길이 만들어지지만, 다니지 않으면 풀이 자라 길을 막는다(山徑之蹊間, 介然用之而成 路, 爲間不用 則茅塞之矣)"

이 말은 미국과 중국이 서로 지속적인 대화를 통해 신뢰를 만 들어가자는 의미다. 한마디로 끈기 있게 대화를 하자는 말이다. 계속 가지 않으면 있었던 길도 없어져버린다. 그만큼 끈기 있게 무언가를 실천하는 것이 중요하다는 말이다. 한두 번 실천하다가 그만두면 그간의 노력은 허무하게 사라진다.

실패를 반복하는 사람은 대체로 끈기가 부족한 경우가 많다. 그들은 새로운 일을 시작만 해놓고는 충분히 노력하지 않고, 너무 나 쉽게 포기해버린다. 그리고 나서 또 마음에 맞는 다른 새로운 일을 찾아 나선다. 이런 과정을 반복하면 결국 아무것도 이루지 못한다. 이들은 직장에 다닐 때도 적응하기가 힘들다. 이제 좀 적 응이 되었나 싶으면 금세 그만둔다. 연초에도 마찬가지다. 담배를 피우는 습관을 버리겠다고 결심했다가도 잘 안 되면 작심삼일이 되어버린다.

이루려는 길이 아무리 고된 길이라 할지라도 계속 가야 한다. 따라서 끈기는 무언가를 이루기 위해서는 반드시 필요한 덕목이 다. 이제 막 태어난 아기는 최선을 다해 기어 다니고, 기어 다니다 가 수없이 넘어진 끝에 걸어 다니게 된다. 부모가 되어본 사람은 알겠지만 신생아가 걷기 위해서는 정말 많은 엉덩방아와 넘어져 생긴 상처가 필요하다. 하지만 그렇게 넘어져도 아기들은 끝없이 도전해서 마침내 걷고야 만다. 어른도 마찬가지로 끈기만 있다면 제아무리 무모한 도전이라도 이룰 수 있다.

물론 끈기에도 개인차가 있다. 끈기가 있는 사람이 있고 끈기가 부족한 사람이 있다. 항상 새로운 일, 새로운 사람을 찾아다니기를 반복하는 사람은 새로 시작한 일을 조금 시도하다가 쉽게 포기한다. 무엇을 해도 오래 하지 못하는 특성이 있다. 이런 사람 중에는 자신이 끈기가 없다는 것을 인정하지 않고, 스스로가 꿈을 좇는 것이라고 합리화하는 이도 있다. 하지 못하는 것보다 경계해야 할 것이 바로 합리화다. 그들은 이렇게 말하며 자신을 합리화한다.

"내가 원래 하고 싶었고 꿈꾸었던 일은 이런 게 아니야. 좀 더 멋지고 굉장한 일이야."

그렇게 말하곤 자신의 포기를 합리화한다. 그러고 나서 꿈을 좇는다며 또 새로운 일을 찾아 나선다. 이런 끈기 부족을 이겨내기 위해서는 지금 하는 일에 충실하고, 기다리는 인내를 배우며, 올바른 책임감을 갖는 자세가 필요하다. 당신에게 만약 끈기가 부족하다는 생각이 든다면 이런 질문을 던지며 위축돼 있는 자신을 추슬러보자.

"내 끈기를 억제하는 요소는 무엇이고, 그게 제거되면
난 무엇을 얻을 수 있나?"
"직장에서 인정받기 위해서 지속적으로 해야 할 일은 무엇인가?"

이 질문이 끈기 없이 자주 포기를 결심하는 당신에게 '성취'라는 답을 만들어줄 것이다. 끈기를 억제하는 요소를 찾아내는 것은 중요한 일이다. 그것을 발견해서 제거하면 끈기 있는 사람으로 변할 수 있기 때문이다. 그리고 자신의 능력과 한계를 알아 허황한 목표에 현혹되지 않는 것도 필요하다. 이런 끈기 속에서 목표와 꿈을 이룰 수 있다. 새벽같이 일어나 잠에 쫓기며 직장에 출근하는 현실에서 살고 있지만 이런 현실이라도 열심히 살아가는 이유는 오늘보다는 내일 더 아름다운 인생을 살고 싶기 때문이 아니겠는가? 그래서 우린 늘 내일에 대한 생각을 하며 어제보다 더 끈기 있는 오늘을 살아야 한다.

Part
05

간절함을 완성하는
'서른 살의 전략적 질문'

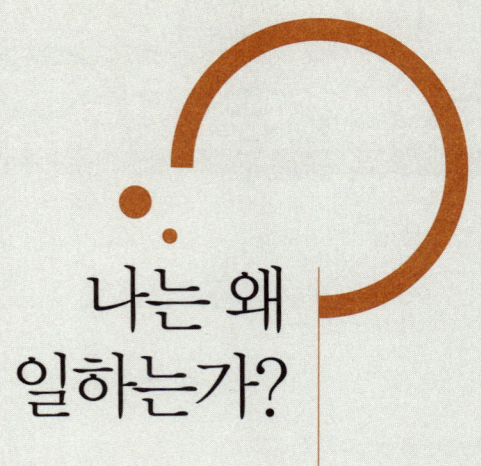

나는 왜
일하는가?

질문을 통해 무너진 자신을 당당한 모습으로 다시 일으켜 세우고 싶다면, 일단 "나는 왜 일하는가"란 물음에 답할 수 있어야한다. 사는 것에 대해 기본적으로 정리하지 않고 해결할 수 있는 일은 없기 때문이다. 일단 대부분의 사람은 일을 하지 않고 살 수 없다. 그러나 제아무리 돈이 많아서 일을 하지 않아도 되는 사람이라 할지라도 조금이라도 일을 하는 게 좋다.

일을 하지 않으면 몸은 편할지 모르나 정신이 썩기 때문이다. 외상보다 내상이 더 위험하다. 그러므로 몸이 썩는 것보다 정신이 썩는 것을 더욱 경계해야 한다. 정신이 황폐한 삶에서는 더 이상 희망을 찾을 수 없다. 그래서 일을 하는 것이 경제적인 면에서도 중요하지만 올바른 삶의 태도를 유지하는 측면에서도 중요하다.

그러나 우리가 아무리 최고의 질문을 가지고 전력을 다해 일을 한다고 할지라도, 목적도 없이 그저 일만 한다면 그것처럼 허망한 일은 없다. 목적이 아닌 수단으로 전락한 노동은 일의 노예가 되는 것과 마찬가지다. 그래서 많은 직장인들이나 자영업자들이 소주 한잔 마실 때면 이런 푸념을 늘어놓곤 한다.

"나는 왜 사는지 모르겠어. 왜 이렇게 아등바등 일만 하며
사는 걸까? 도대체 뭘 위해서!"

'도대체 뭘 위해서' 라는 말은 참으로 중요한 물음이다. 이 질문에 확실한 대답을 하지 못하기 때문에 소중한 인생을 푸념하며 사는 것이다. 무엇을 위해 살고 있는지 확실하게 대답하지 못하고, 술에 취한 채 귀가해 또다시 같은 하루를 맞이하는 것이다. 서글픈 반복이 아닐 수 없다. 그처럼 노동의 목적을 알지 못하고 일하는 것은 스스로를 지치게 하는 지름길이며 좌절하기 쉬운 가장 빠른 방법이다. 따라서 우리는 매 순간 스스로에게 질문해야 한다.

"내가 일하는 목적은 무엇인가?
그렇다면 나는 왜 여기서 빈둥거리고 있는가?"

질문을 통해서 다양한 일의 목적이 나올 수 있다. 하지만 여기서 중요한 것은 이 질문을 통해 스스로 일하는 목적을 되돌아볼 수 있는 계기가 될 것이라는 점이다. 비록 경제적인 필요에 따라 직업을 선택하고, 만족을 느끼지 못하는 일을 하고 있다 해도 그 목적이 분명하다면 살아가는 데 아무 제약이 없다. "나는 좀 더 괜찮은 일을 할 거야", "이 일은 그냥 하는 거고", "난 그냥 돈 주니까 일하는 거야"와 같은 생각으로 일하는 사람은 그 일을 진정으로 즐기지 못한 채 그저 잔꾀로 상대방을 이기려는 운동선수나 마찬가지다. 그저 월급을 받기 위한 것이 아닌 자신이 맡고 있는 일 자체를 완벽하게 마무리하려는 목적을 가지고 일해야 한다. 일 그 자체가 당신이 돼야 한다. 그것이 완성되면 일은 더 이상 당신이 해야 할 의무가 아닌, 성취를 위한 도전으로 다가올 것이다.

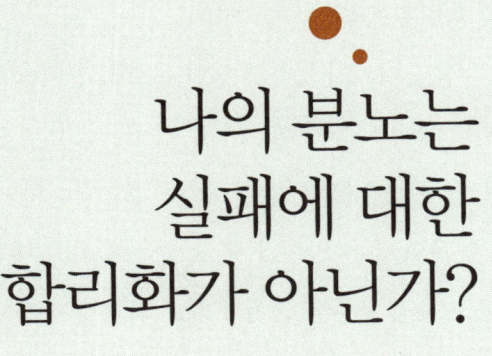

나의 분노는
실패에 대한
합리화가 아닌가?

갈등이 깊어지는 순간 자연스럽게 감정의 골도 깊어진다. 모든 분노는 결정적인 한순간을 참지 못해 일어난다. 그러나 한순간을 이겨내지 못하고 자신의 감정을 노골적으로 드러내는 사람은 주변 사람들에게 인정받기 힘들다. 하지만 감정을 확실하게 조절하고 신중하게 말하려고 노력한다면 그 말에 용기를 잃었던 부하직원이 되살아나기도 하고, 좀 더 적극적으로 업무에 임하게 만들 수도 있다. 때문에 분노를 참는 능력이 있다면 주변 사람들에게 충분히 인정받을 수 있다.

자신의 감정을 이기지 못하고 성난 목소리와 비난이 섞인 질타를 내뱉는다면 그 말의 내용이 아무리 올바른 것이라 할지라도 상대방은 당신의 현명한 말을 담는 게 아니라 당신의 성난 태도를 담게 된다. 아무리 좋은 말이라 해도 술을 마시고 내뱉으면 주정에 불과하듯 아무리 훌륭한 말이라 해도 화난 상태에서 내뱉는 말은 폭력 그 자체다. 어떤 직장이든 인정받고 최고의 자리에 오르는 사람은 자신의 감정을 확실하게 제어할 수 있는 사람이다.

화를 내면 지는 것이라는 말도 있지만 사실 화가 나는데도 불구하고 그걸 억지로 참는 것은 고된 일이다. 더구나 우리는 관계를 맺지 않고 살아갈 수 없다. 관계란 아주 작은 것에서부터 시작된다. 식당에 가서 음식을 주문할 때도 간단한 대화를 해야만 주문이 가능하고 식사를 할 수 있다. 게다가 직장인이라면 더욱더 폭넓은 관계를 맺고 살아야 한다. 하지만 사회생활을 하다 보면 꼭 이런 말이 나오게 만드는 사람이 있다.

"저 사람이 날 미치게 만들어."
"너 때문에 내가 화가 안 날 수가 없다."
"저 사람만 없으면 이 회사에 죽을 때까지 평생 다닐 수 있을 것 같은데."

우리가 분노하는 이유는 대부분 이렇다. 일단 자신이 무시당하거나 공정하지 않은 평가를 받고 있다고 생각되면 화가 난다. 그렇지만 상대와 주위의 반응을 우려해서 일단 참고 버틴다. 그리고 스스로 참는 것이 미덕이며 참는 것이 상대방을 용서하는 길이라고 생각한다. 문제는 거기에서 시작한다. 자신이 상대를 용서했다는 생각에 스스로 상대방보다 선한 사람이라고 착각하는 것이다.

사실 원래부터 착한 사람도 없고, 원래부터 나쁜 사람도 없다. 그건 상대방과 놓인 관계에 따라 생각이 만들어내는 극히 주관적인 의견일 뿐이다. 우리는 어떤 상황에 처했을 때 나름대로 판단을 하며 선이든 악이든 하나의 결정을 내린다. 이게 분란의 시작이다. 나는 상대방을 용서했고, 게다가 화는 나지만 참았으니 스스로 자신은 선하고 상대방은 악인이라고 생각해버리는 것이다. 그러니 이제 상대방이 하는 모든 행동은 하나도 빠짐없이 악의가 있는 것으로 보일 수밖에 없다.

하지만 작정을 하고 무조건 남들과 싸우기 위한 것이 아니라면 자신의 감정을 조절할 필요가 있다. 참고 견디는 것은 오래 할 수 있는 것이 아니기 때문이다. 얼마 지나지 않아 자신이 악인이라고 생각하는 상대방이 큰 잘못을 하면 그땐 참고 있던 당신의 분노가 폭풍처럼 터져 나와 엄청난 사건을 일으킬 수 있기 때문이다.

아마 당신은 "내가 널 용서했는데 얼마나 참고 버텼는데 네가 감히 나를 배신해?"라는 말을 하며 싸우려 들 것이다. 하지만 같은 상황에서도 사람의 반응은 다를 수 있다. 같은 이야기를 하고 도 어떤 사람은 차분하게 반응하고, 어떤 사람은 불같이 화를 낸 다. 왜 그럴까? 왜 같은 상황에서 이렇게 반응이 다른 것일까? 다 음의 질문을 던지며 감정의 경로를 따라가보면 그 이유를 알 수 있다.

"나는 스스로를 합리화하기 위해 피해자인 것처럼 분노하는 것은 아닌가?"

당신이 합리화를 위해 피해자인 것처럼 분노하고 있다는 사실 을 당신이 인정하지 못할 수도 있다. 한 번 감정의 경로를 따라가 보자. 당신은 처음 화가 났을 때, 화를 참고 상대방을 용서하기까 지 했다. 따라서 스스로 자신은 착한 사람이 되었고, 상대방은 나 쁜 사람이 되었다. 그러므로 그때부터 당신은 당신의 생각 안에서 피해자가 되는 것이다. 이 점이 분노하지 않고 늘 편안하게 관계 를 지속하는 사람과 분노를 이기지 못하고 폭발하는 사람의 차이 점이다. 화를 잘 내지 않는 사람들은 자신이 지금 분노로 인간관 계를 망치고 있다는 생각이 들면 분노의 경로를 돌아보며 자신에 게서 문제점을 찾고 바로 해결해낸다.

선과 악은 어디까지나 그것을 판단하는 사람의 의견일 뿐이다. 문제는 언제나 자신에게 있다고 생각하라. 초기에 화가 났을 때 그 상황에 대해서 스스로에게 어떤 감정을 심어두었는지를 돌아보라. 앞서 이야기했듯 선인이든 악인이든 그건 사람의 생각이 만들어내는 것이다. 당신이 무심결에 스스로에게 했던 말이 이미 마음속에서 상대방을 악인으로 만들 수 있음을 기억해야 한다. 또 당신이 그렇게 내린 결론은 당신에게 절대적이기 때문에 더 이상 상대방을 이해하거나 용서할 필요가 없다고 생각하면서 이런 이야기를 할 수도 있다.

"그건 완전 너 때문이야."
"집어치워. 이제 네 변명 따윈 필요 없어."

"변명은 필요 없다"처럼 편리한 말도 없다. 그냥 상대방이 무슨 말만 하면 변명으로 몰면 끝이다. 하지만 그 모든 것은 당신의 생각이 만들어낸 것에 불과하다. 언제나 모든 문제는 당신에게 있고, 당신의 분노 역시 당신이 만들어내는 것임을 잊지 말자.

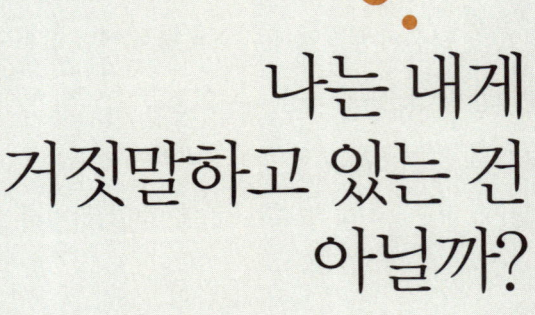

나는 내게
거짓말하고 있는 건
아닐까?

나는 대학 시절에 시를 쓰는 데 빠져 살았다. 그래서 시창작 동아리에 가입해서 굉장히 열심히 활동했다. 아니 조금 더 정확하게 말하자면 시창작 동아리에서 시창작보다는 창작 시간이 끝나고 술 마시는 데 더 열심이었다. 하지만 그 당시에 나는 스스로에게 이렇게 변명했다.

"넌 술을 마시는 게 아니라 창작을 위한 연료를 들이키는 거야. 이 어지러운 세상에서 술에 취하지 않고 어떻게 세상을 뒤흔들 시를 쓰겠어."

지금 생각하면 말도 안 되는 이야기지만 당시엔 정말 그런 생각으로 술을 마셨다. 아니 그렇게 술 마시는 나를 안심시켰다. 그 시절의 나는 그저 알코올중독자와 다름없었다. 창작을 위해 술을 마시는 것도 아니었고, 세상이 더러워서 술을 마시는 것도 아니었다. 그저 내가 술에 중독되어 있기 때문에 마시는 것뿐이었다.

내가 중독되었다는 것을 인정하고 변하게 된 계기는 동기의 문학상 수상 소식 때문이었다. 나와 거의 동시에 동아리에 들어온 친구가 하나 있었는데, 처음엔 누가 봐도 내가 그 동기보다 시를 잘 썼다. 그런데 겨우 1년 만에 그는 제법 알아주는 창작 대회에서 상을 타게 될 정도로 성장했다. 그에 반해 나는 제자리걸음이었다. 게다가 술에 빠져 사느라 건강도 안 좋아졌고, 학업도 거의 신경을 쓰지 못해 학점도 엉망이었다. 더 이상 나 스스로를 위안하며 살 수가 없었다. 더 망가져가는 나 자신을 내가 용납할 수 없는 단계까지 된 것이다. 그렇게 상황이 절박해지자 나를 변화시킬 수 있는 질문이 저절로 튀어나왔다.

"나는 내게 거짓말을 하고 있는 건 아닐까?"

나를 위로하며 술을 마셔야만 시가 나오고, 세상이 더러우니 술을 마실 수밖에 없다고 말하면서 사실은 알코올중독자나 다를 바 없는 생활을 해온 것은 아니었나? 나는 이러한 질문을 통해 처음으로 진실한 눈으로 자신을 바라볼 수 있었다. 물론 진실한 눈으로 바라본 그때의 나는 최악이었다. 하지만 그 순간을 통해 중독에서 탈출할 수 있는 길을 찾았다.

그때부터 내 인생은 달라졌다. 중독임을 인정한 순간부터 나는 중독에서 벗어날 수 있었다. 그리고 이렇게 작가의 꿈을 이루었다. 그때 중독에서 벗어나지 못하고 계속 술을 마시며 세상을 원망하며 시간을 보냈다면 지금 난 소주병을 들고 서성이는 공원의 알코올중독자로 살아가고 있었을지도 모른다. 지금 당신을 중독시킨 것이 있다면 그것을 인정하라. 인정하는 순간 그 중독에서 벗어날 수 있다.

되는 질문을
습관화하고 있는가?

방송이나 책에서는 한결같이 "잘될 거예요", "부자 되세요"
라고 말한다. 그런 말을 듣고 우린 그 순간만큼은 '잘되겠지'라고
생각하며 위안한다. 하지만 문제는 그 순간이 아니라 평소의 지속
적인 생각이다. 이런 생각을 해본 적이 있는가? '왜 나쁜 예감은
이상하게 거의 적중하는 걸까? 왜 그럴까? 단지 우연일까? 아니
다. 나쁜 예감이 너무나 잘 들어맞는 이유는 우리가 자꾸 나쁜 쪽

으로만 생각하기 때문이다.

'혹시 상사가 나를 미워하는 건 아닐까?', '이번 프로젝트가 잘 안 되면 어쩌지?'라는 상상이 정말 현실이 된다. 당신의 삶은 당신 본연의 모습이 아니라 당신이 상상하는 대로 되기 때문이다. 성공과 성취에 대한 확실한 믿음이 있어야 한다. 그래야 당신에게 긍정적인 일이 많이 일어날 수 있다. 당신이 성공에 대한 확신이 있으면 그 확신은 당신이 삶을 대하는 태도에 큰 영향을 미친다. 그리고 마침내 확신하는 그 일을 성취할 수 있게 된다.

주변에 운이 좋다고 생각하는 사람들은 대부분 어떤 일을 하든지 그 일을 하기 전에 "이번 일도 잘될 거야"라며 되는 질문을 던지는 사람들이다. 되는 당신을 만들고 싶다면 "아, 오늘 좀 왠지 불안한데. 뭔가 안 좋은 일이 일어나는 건 아닐까?"라는 우울한 질문 대신에 습관적으로 이런 질문을 던져보자.

"오늘은 왠지 멋진 일이 일어날 것 같지 않아?"

이런 질문은 자신뿐 아니라 삶 전체에 긍정적인 영향을 준다. 또 긍정적인 기운은 당신을 만나는 모든 사람들에게까지 영향을 주기 때문에 당신에 대한 긍정적인 이미지를 심어주는 역할도 할 수 있다. 모든 성공한 사람은 성공하기 이전에 성공을 열렬하게 갈망했던 사람들이다. 아프기를 소망하는 사람은 없다. 회사에서 인정받지 않기를 소망하는 사람은 없다. 그러나 우리는 안 좋은 상황을 상상하는 데 익숙하다. '아프면 어쩌지?', '상사가 나를 인정하지 않으면 어쩌지?'라는 생각이 당신을 아프게 하고, 능력 없는 직원으로 만들어버린다. 행복하고 성공하기를 소망하라. 어떤 나쁜 상황이라 할지라도 좋은 일이 생길 거라는 확신을 가져라.

자신에 대한 확신 하나로 가난한 이민자에서 영화산업의 선구자가 된 인물이 있다. 이야기는 20세기 초로 건너간다. 이야기의 주인공은 미국에 셀즈닉 가문을 정착시킨 루이스 셀즈닉이다. 그는 겨우 열두 살의 나이에 집을 나왔다. 집안 환경이 여의치 않았기 때문에 당연히 돈 한 푼 없이 집을 나와 그 먼 미국 땅까지 걸어갔다. 러시아를 탈출해서 걸어서 미국까지 간 것이다. 도대체 어떻게 그 어린 나이에 러시아에서 미국까지 걸어갈 생각을 할 수 있었을까?

그에게는 열일곱 명이나 되는 형제가 있었다. 그를 제외한 나머지 형제들은 그냥 현실에 안주하며 러시아에 머물렀다. 하지만 루이스 셀즈닉은 그들과 달랐다. 그가 걸어서 미국까지 간 이유는 반드시 성공하겠다는 확신이 있었기 때문이다. 결국 반드시 성공하리라는 루이스 셀즈닉의 그 확신이 셀즈닉 가문이 온갖 역경을 헤쳐 나가 할리우드 영화산업의 선구자가 되는 것을 가능케 만든 셈이다.

그가 만약 러시아를 떠나며 "혹시 걷는 중간에 나쁜 일이 일어나면 어쩌지?"라는 질문을 던지며 미국에 가겠다는 희망을 접었다면 그는 정말 중간에 다시 러시아로 되돌아갔을 것이다. 하지만 반드시 성공하리라는 확신이 마음속에서 두려움을 사라지게 했고 "나는 왠지 잘될 것 같지 않아?"라는 되는 질문을 던질 수 있게 만들었다.

　　불행한 사람들은 돈이 없는 사람이 아니라 희망이 없는 사람이다. 희망이 없는 사람들은 성공한 사람보다 자주 실패를 상상한다. 충분히 성공할 수 있는 조건을 가지고 있는 데도 뭔가 여전히 불안하고 당신의 삶에 희망이 없다고 생각하는가? 그렇다면 생각해보라. 그 원인이 혹시 당신의 부정적 질문에 있지는 않은가?

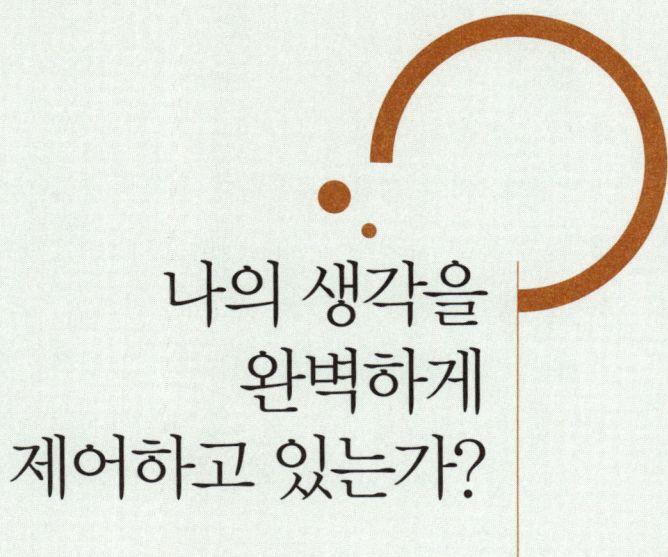

나의 생각을
완벽하게
제어하고 있는가?

"내가? 나는 그렇게 대단한 일은 못할 것 같은데."
"난 안 될 거야. 내겐 그런 능력이 없으니까."

이런 말을 해본 경험이 있는가? 입에서 나오는 말이든 마음속으로 하는 생각이든 누구나 좀 거창한 일이 자신에게 주어지면 이런 생각을 한다. 사실 사람들은 극적인 상황에 처하면 대부분 부정적으로 변한다.

당신의 생각은 굉장히 중요하다. 생각은 움직임의 기미이고, 행위는 움직임이 드러난 것이다. 생각은 마음이 안에서 움직이는 것이고, 행위는 마음이 밖으로 움직이는 것이다. 그래서 모든 것의 기본인 생각하는 단계에서 조금이라도 부정적인 것을 허락하면 안 된다. 그것은 곧 움직임이 되고, 행위가 되어 결과로 나타나기 때문이다. 그래서 한순간이라도 생각의 수준을 높이는 데 소홀히 하면 안 된다.

현명한 사람은 생각의 단계에서 자신을 성실하게 한다. 행위를 하기에 앞서 자신의 뜻을 지키는 것이다. 아무리 급하고 어려워도 생각을 할 땐 성실하고 조심해야 한다. 우리는 급박한 순간에 어이없는 생각으로 한순간에 망하거나 사회적으로 매장되는 일을 자주 목격해왔다. 현실이 아니라 생각을 두려워해야 한다. 그게 자신을 지키는 일이기 때문이다.

세계적인 자동차 왕인 헨리 포드는 "당신이 생각한 대로 된다"라고 말하며 생각이 얼마나 중요한지 강조했다. 나는 그 말의 힘을 지켜본 경험이 있다.

5년 전 내가 컨설팅 회사에 근무할 때의 일이다. 회사에 꽤 능력이 있는 상사 한 명이 있었다. 다른 직원들은 그가 능력이 있으니 곧 임원으로 승진할 것이라 생각했다. 하지만 중요한 건 정작 본인은 자신이 임원으로 승진하는 게 불가능하다고 믿고 있었다는 점이다. 자신도 임원으로 승진할 만큼 능력이 있는 것은 알고 있지만 온갖 부정적인 상상을 하며 승진할 수 없을 것이라 생각했다.

그는 늘 '누군가 내가 승진하지 못하도록 손을 써두고 있지는 않을까?'와 같은 망상을 하며 자신의 승진 가능성을 부정했다. 결국 그렇게 그의 생각은 엉뚱한 방향으로 흘러갔고, 그의 내부에는 '승진하고 싶다'는 욕망보다 '승진하지 못할 것'이라는 불안이 강해졌다. 결국 그의 생각대로 됐다. 그의 부정적인 생각이 부정적인 결실을 만든 것이다.

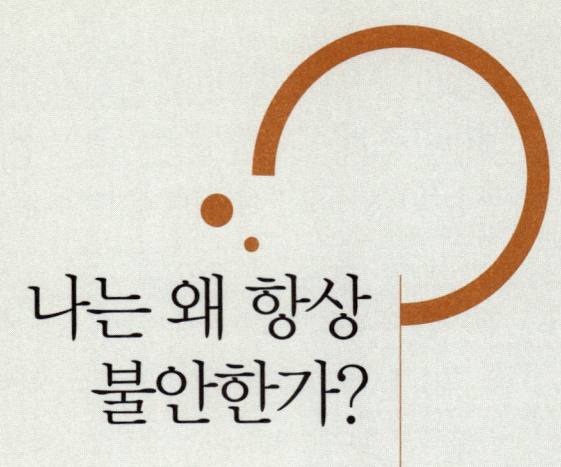

나는 왜 항상
불안한가?

적당한 불안은 나태해진 일상에 자극을 줄 수 있기 때문에 삶에 긍정적인 영향을 미친다. 하지만 불안이 불안을 물고 늘어져서 고민이 되고 스트레스가 쌓이면 자신이 원래 지닌 평소 능력마저도 발휘할 수 없다.

오후 5시까지 해야 하는 일이 주어졌을 때 일하면서 계속 시계를 바라보며 '이 일을 오후 5시까지 마무리하지 못하면 어쩌지'라고 고민하고 불안해하면 할 수 있는 일도 못하게 된다. 100미터 달리기를 할 때도 아무리 세계 1위의 기록을 가지고 있다 해도 뒤에서 달려오는 경쟁자가 어디까지 왔는지, 혹시 바로 뒤까지 따라와서 역전당하는 것은 아닌지 불안해하면서 자꾸만 뒤를 돌아보면 최고 기록이 나올 수가 없다. 뒤를 돌아보며 달리는 선수에게 1등의 자리가 주어지진 않는다. 마음속에 항상 불안을 느끼는 사람들은 그렇게 자신의 진짜 실력을 발휘하지도 못한 채 결국 자신의 능력만 탓하게 된다. 그러면서 또다시 불안에 빠지는 악순환을 경험한다.

사실 불안증은 내가 앓았던 병이었다. 옛날에 난 불안하지 않은 나날이 없었다. 작은 일이라도 그게 제대로 되기 전까지는 불안해서 잠을 이루지 못할 정도였다. 정말 많은 연습을 해서 자신감이 생겼지만 그것을 보여줄 시간이 다가오면 '정말 잘할 수 있을까?'라는 질문이 나를 힘들게 만들었다. 그런 상황이 반복되자 어느새 불안은 나를 지배하게 되었다. 불안의 지배력은 날로 커져만 갔다.

그러던 어느 날, 이래선 안 되겠다고 생각한 나는 좀 엉뚱한 일을 해보았다. 국내 최대 포털사이트의 책 게시판에서 '걱정'과 '벌레'를 각각 검색해본 것이다. 우리는 흔히 상당히 악한 기운을 지닌 사람을 부를 때 '벌레만도 못한 놈'이라고 한다. 그리고 불행한 인생을 살고 있는 자신을 바라보며 '벌레보다 못한 인생'이라고 말하기도 한다. 그만큼 벌레는 거의 가치가 없는 인생을 대표하는 말처럼 되어 있다. 그래서 더욱 검색을 진행해본 나는 놀라고 말았다. 검색 결과 '불안'이 들어간 제목은 총 190권이 등록되어 있었고, '벌레'가 들어간 제목은 '걱정'의 네 배에 가까운 724권이나 등록되어 있었다.

벌레가 우리네 삶에 불안보다 더 많은 영향을 미치는가? 믿을 수 없는 결과였다. 불안이란 한 사람의 인생을 망가뜨릴 수도, 성공시킬 수도 있는 강력한 힘을 가지고 있다. 그럼에도 불안을 다루는 책이 없다는 것은 그만큼 불안에 대처할 수 있는 특별한 방법이 없는 것이라고 판단할 수 있다. 물론 나 역시 아주 특별한 방법을 제시해주는 것은 아니다. 하지만 불안을 극복할 수 있는 질문을 알려줄 수는 있다. 내가 그 질문을 통해 불안증을 고쳤기 때문이다. 그 질문은 당신이 불안을 극복하는 데 50퍼센트의 힘을 줄 것이다. 나머지 50퍼센트는 당신 자신이 지닌 의지의 몫이다.

한마디로 불안은 긴장과 밀접한 관계가 있다. 긴장하지 않으면 세상의 그 어떤 최악의 상황에서라도 길을 찾아 나설 수 있다. 긴장을 푸는 질문의 순서는 다음과 같다. 일단 나는 내게 이렇게 질문했다.

"내 마음속에서 나를 괴롭히는 문제가 무엇인가?"

196

그에 대한 답이 나오자 또다시 나는 이런 질문을 던졌다.

"그 문제에 대해 나는 어떤 생각을 하고 있는가?"

이런 단계를 통해 나는 마음을 다잡을 수 있었다. 여러분도 실천해보면 효과를 얻을 수 있을 것이다. 그래서 모든 행동을 하기에 앞서 질문을 통해 불안한 감정을 최대한 지우고 시작하는 게 좋다. '실수할까봐 두려워'라는 생각 대신에 '누구나 한 번은 실수하는 게 아닌가?'라는 긍정적인 질문을 던지며 당당하게 상황에 대처하라.

간혹 어떤 사람들은 불안에 대처하는 방법 중에서 가장 최악의 방법을 선택하는 경우가 있다. 그 방법은 불안한 상황 그 자체를 피하는 것이다. 이것은 오히려 더욱 큰 불안을 만든다. 모든 것은 상상 속에서 더욱 커지기 마련이다. 불안이 우리의 삶을 지배하도록 그대로 내버려두면 불안이 당신의 삶을 조종하고 있을 것이다. 당신은 불안에 지배당하는 노예로 살 것인가? 그게 아니라면 내가 찾았던 것처럼 불안에 당당하게 맞서는 질문을 찾는 게 좋은 방법이다.

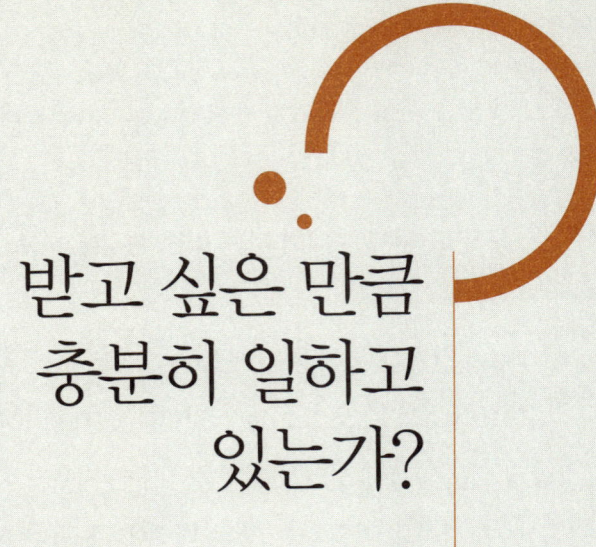

받고 싶은 만큼 충분히 일하고 있는가?

직장인들의 주된 불만은 바로 이것이다.

　"우리 회사는 내 능력을 몰라주는 것 같아."

　"나처럼 열심히 일하는 직원이 있으면 나와보라고 해. 나는 받는 거에 비해 너무 열심히 일하고 있어."

　하지만 사실 어떤 직원이라도 능력 이하로 받거나 이상으로 받는 직원은 없다. 정확하게 회사에 이익을 준 만큼, 그래서 회사가 당신을 인정한 만큼 받는 것이다. 직장인의 연봉은 회사의 이익에 얼마큼 기여했느냐에 따라 달라진다. 당신은 결코 시대를 잘못 타고났거나, 능력을 인정받지 못하는 직장인이 아니라는 것이다. 연봉은 당신을 위해서 인상되는 것이 아니라 당신이 받아내야 하는 것이다.

당신이 직장인이라면 어쩔 수 없이 당신에게 월급을 주는 회사의 사장에게 모든 결정권이 있으므로 더 많이 받고 싶다면 왜 더 많이 받아야만 하는지 그 이유를 정확하게 사실을 근거로 사장에게 설명할 수 있어야 한다. 이때 당신의 불행한 환경이나 가족의 건강 문제가 연봉 인상의 요인이 될 수 없음은 확실히 알아야 한다.

나는 가끔 회사에 별 수익을 주지 못한 직원이 "저희 애가 이번에 초등학교에 들어가서 월급을 20퍼센트 올려주지 않으면 생활이 되지 않습니다"라고 당당하게 연봉 인상을 요구하는 장면을 목격하곤 한다. 하지만 앞서 말했듯 당신의 가정사는 연봉 인상의 요인이 되지 못한다. 당신이 회사에 이익을 가져다주었거나, 앞으로도 어느 정도 이익을 줄 수 있는지 결과를 근거로 설명하면서 당신의 강점을 강조하며 사장을 설득할 수 있어야 한다.

그러나 사장에게 그렇게 강하게 연봉 인상을 요구할 만큼 실적이 좋은 직장인은 많지 않다. 대부분 "주시는 대로 받겠습니다"라고 말하며 연봉 협상을 마친다. 하지만 누구나 지금보다 더 나은 실적을 올릴 수 있다. 더 잘할 수 있다는 의욕적인 태도를 가져라.

문제는 업무에 대한 당신의 태도다. 가령 열 시간을 일하면서 열두 시간 일한 대가를 달라고 하는 건 억지다. 열두 시간 일한 대가를 받고 싶다면 열두 시간을 일한 다음에 요청해야 한다. 대가를 먼저 해주면 대가만큼 일하겠다는 이야기는 공허할 뿐이다. 그래서 늘 이런 질문을 달고 살아야 한다.

"나는 받고 싶은 만큼 충분히 일하고 있는가?"

많은 직장인들이 '나는 받은 만큼만 일한다'는 생각으로 업무에 임한다. 결국 그 생각이 그런 태도를 만들어낸다. 열 시간 일하는 대가를 받고 있다고 생각하는데 갑자기 야근할 일이 생겨서 열두 시간을 일하게 되면 '내가 너무 많이 일하는 거 아닌가?'라는 생각에 스스로 회사에 대한 불만이 생긴다.

하지만 세상에 의미 없는 일은 없다. 그래야 하는 이유는 순전히 당신 자신을 위해서다. 야근을 할 때마다 불만을 터뜨리지 말고, '이 일은 오늘 나에게 어떤 것을 가르쳐줄까?'라는 질문을 던지며 배우는 자세로 임하라. 세상에 의미 없는 일은 없다. 의미는 당신의 태도가 부여하는 것이다. 모든 일에서 가치를 느끼게 만들 질문을 던질 수 있다면 세상에 쓸모없는 일은 하나도 없다.

지금 당신이 하고 있는 일 하나하나가 이미 성공한 사람들이 지나온 길이었고, 당신은 그 사람들이 일했던 법을 배우고 있는 것이다. 그것만이 회사의 노예가 되지 않고, 당신이 회사에서 영향력을 발휘하며 능력을 인정받고 몸값을 높일 수 있는 가장 빠른 지름길이다.

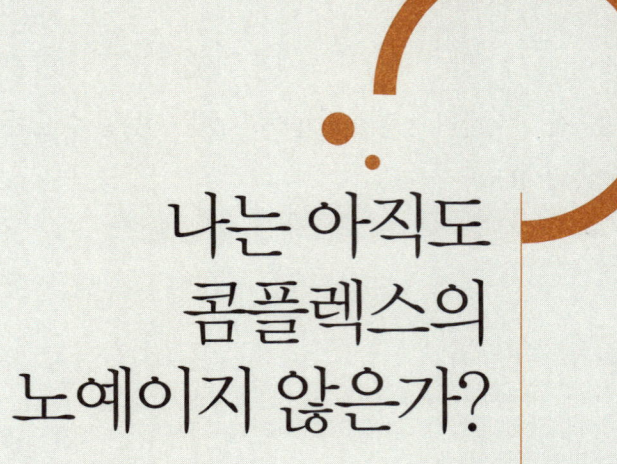

나는 아직도
콤플렉스의
노예이지 않은가?

콤플렉스는 사람을 무기력하게 만든다. 콤플렉스가 있는 사람은 아무리 좋은 기회가 바로 앞에서 손짓을 해도 '이런 내가 어떻게 저걸 할 수 있겠어'라고 스스로에게 말하고는 시도조차 하지 않고 포기한다. 이처럼 콤플렉스가 있는 사람은 좋은 기회도 쉽게 놓쳐버린다. 싸우기도 전에 미리 겁을 먹고 뒤로 물러서는 꼴이다.

하지만 어떤 것이든 양면성이 있음을 상기해보자. 콤플렉스 역시 당신의 마음가짐에 따라 당신을 일으킬 수 있는 힘이 되기도 하고, 무너뜨리는 장벽이 되기도 한다. 당신의 질문이 변하면 콤플렉스는 당신을 일으키는 힘이 되어줄 것이다.

요즘엔 대학을 나오지 않은 사람이 거의 없다. 학생 수와 견주어 대학의 정원이 더 많아져 예전과는 달리 요즘엔 돈과 시간만 있으면 대학에 입학할 수 있다. 그래서 간혹 대학에 다니지 못한 것에 대한 콤플렉스가 있는 사람을 볼 수 있다. 반면에 대학은커녕 고등학교도 제대로 나오지 못했지만 자신을 부끄러워하거나 학력을 콤플렉스로 여기지 않는 사람들도 있다.

우리가 알아야 할 것은 성공하는 것과 학력에는 상관관계가 별로 없다는 사실이다. 고등학교만 나왔어도 크게 성공한 위대한 인생도 있고, 최고의 대학을 나왔지만 백수로 살아가며 부모님에게 손을 벌리는 한심한 인생도 있다. 문제는 콤플렉스를 대하는 마음가짐이다. 고등학교밖에 나오지 못했지만 콤플렉스를 이겨낼 수 있는 다음의 질문을 던질 수 있다면 그 사람은 자신의 모든 잠재력을 발휘하면서 위대한 삶을 살 수 있을 것이다.

"이것은 나의 콤플렉스인가, 아니면 극복해야 할 대상인가?"

이 질문을 통해 자신의 콤플렉스를 이겨낸 은행인이 있다. 은행은 누구나 들어가고 싶어 하는 최고의 직장이다. 그래서 아무리 좋은 대학을 최고의 성적으로 졸업해도 입사하기 쉽지 않은 곳이기도 하다. 하지만 여기에 고졸 출신으로 은행에 입사해서 지금은 한국 최고의 은행에서 회장의 자리에 앉아 있는 인물이 있다. '최초의 고졸 은행장', '최초의 3연임 은행장', '고졸신화' 등의 각종 수식어가 따라다니는 그는 바로 라응찬 신한지주 회장이다.

그는 고등학교 시절, 낮에는 동아통신사에서 통신을 배달하는 아르바이트를 하고 야간에는 학교를 다니며 공부했다. 중학교를 졸업한 뒤에는 무작정 상경해 치과 기공소에서 조수 일을 하기도 했다. 하지만 고졸과 가난이라는 콤플렉스 아래서 무작정 멈춰서 모든 것을 포기하고 싶을 때도 있었다. 그럴 때마다 그는 자신에게 반문했다.

"콤플렉스에 지면 이건 정말 나의 콤플렉스가 되는 거다. 내가 콤플렉스를 이겨내면 더 이상 콤플렉스가 아닐 수 있지 않은가?"

이런 질문을 통해 그는 남이 하는 노력의 두 배를 하지 않으면 콤플렉스를 이기고 살아남기 힘들다고 생각했다. 당시의 그에게는 이것만이 콤플렉스를 이기고, 자신의 삶을 살 수 있는 유일한 방법이었다. 그래서 남이 싫어하는 일을 찾아서 하고, 남이 안 보더라도 적당히 넘어가지 않고 끝까지 성실하게 하려고 애를 썼다. 이런 그의 마음가짐은 신한그룹의 직원 교육에서도 나타난다. 라응찬 회장은 최근 불어닥친 금융위기를 타개하기 위한 방법으로 "신용을 잃으면 많은 것을 잃고 용기를 잃으면 모든 것을 잃는다"며 용기 있는 직원의 자세를 주문했다. 콤플렉스를 이길 수 있다는 용기를 가지고 살아온 그의 삶이 묻어나는 연설이었다.

성공한 사람들의 공통점은 보통 사람들 같으면 벌써 포기했음 직한 장애물이 그들의 앞길을 막아서고 있었다는 것이다. 하지만 보통 사람들과 다른 점은 장애물에 대한 마음가짐이었다. 그것을 넘어야 할 대상으로 여기느냐, 넘지 못할 벽으로 생각하느냐의 문제인 것이다. 성공한 사람들은 용기를 가지고 콤플렉스라는 장애물을 뛰어넘기 위해 노력하여 그만큼 보상을 받은 것이다. 당신의 콤플렉스가 당신의 삶을 돕게 하라. 그것은 오로지 당신의 마음가짐에 달려 있다.

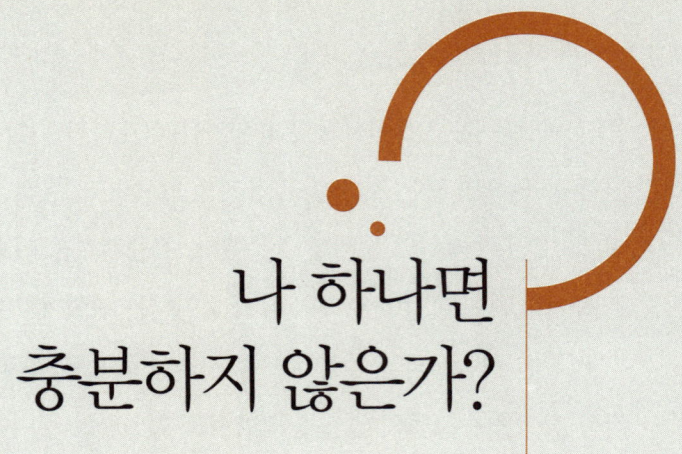

나 하나면
충분하지 않은가?

인생은 보기만 하는 스포츠가 아니다. 당신이 직접 신발을 신고, 모든 연습을 마친 후에 경기장에 나가 전력을 다해 싸우며 승리해야 한다. 물론 다른 사람들이 열심히 일하는 모습을 운동경기를 보듯 관람석에 편안하게 앉아 구경하는 것도 즐거운 일이다. 하지만 그렇게 살다 가는 다른 사람의 삶에 묻혀 흘러갈 뿐이다.

당신도 당신의 플레이를 해야 한다. 당신의 플레이를 시작하려면 일단 의욕을 불러내야 한다. 의욕이 당신을 움직이게 만들고, 그게 성공을 부르는 힘이 된다. 무언가를 해내려는 의욕이 없으면 그만큼 성공할 수 있는 확률도 낮아진다. 반대로 생각해보면 의욕을 최고치로 높이면 무슨 일이든 할 수 있다. 아직 결과도 나오지 않았는데 괜히 불안해하고, 실패할까봐 안절부절 해봐야 결과에는 아무런 영향을 미치지 못한다. 아무런 성과 없이 지나온 당신의 과거가 후회되는가? 그렇다면 의욕을 최고치로 높일 수 있는 질문을 찾기 위해 최선을 다해야 한다.

"오늘은 나에게 남은 생의 첫날이 아닌가?"

오늘을 당신이 살아갈 마지막 날인 것처럼 대하라는 말을 자주 들어봤을 것이다. 굉장히 의욕을 불어넣어주는 말이지만 부정적인 느낌은 피할 수 없다. "오늘이 당신 인생의 마지막 날인 것처럼 대하라"라는 말을 "오늘은 나에게 남은 인생의 첫날이다"라고 바꿔서 생각하고 삶에 임해보라. '마지막'이라는 말은 언제나 부정적으로 들린다. 하지만 첫날은 굉장히 긍정적인 의미와 함께 희망을 느낄 수 있다.

당연한 말이지만 어떤 태도를 만들어내느냐에 따라 우리의 삶도 바뀐다. 태도가 능력을 대체할 순 없지만 능력이 비슷하다면 태도가 올바른 사람이 승리한다. 긍정적인 태도로 살아가는 사람은 늘 새롭고 희망찬 삶을 살 수 있다. 지금까지 부정적으로 살았다면 오늘이라도 변하라. 오늘은 당신이 변할 수 있는 마지막 날이 아니라 당신이 변한 첫날이다. 그리고 지금까지와는 전혀 다른 새로운 삶을 살아라.

어떤 일을 맡게 되었든지 그 일에 있어서만큼은 세상에서 당신이 가장 잘할 수 있다고 생각하라. 때론 자신감이 보유한 능력 이상의 결과를 만들어내기도 한다. 가장 밑바닥에서 시작해서 백만장자가 된 사람이 세상에 수없이 많이 존재한다는 사실은 '할 수 있다는 의지만 있으면 무엇이든 이룰 수 있다'는 것을 증명한다. 성공을 제한하는 것은 무의식중에 속삭이는 '설마 그게 가능하겠어'라는 자신에 대한 불신이다. 지금 당신 앞에 쌓인 장벽이 무엇이든 당신은 그것을 돌파하여 최고의 성과를 만들어낼 수 있다. 자신에 대한 믿음만 있다면 당신을 막을 수 있는 것은 아무것도 없다.

항상 잘못된 결정을
반복하고
있지는 않은가?

사람들은 그게 잘못된 선택이었음을 알면서도 한 번 선택한
것을 바꾸지 않는다. 지금 당장엔 잘못 내린 결정이 큰 영향을 미
치지 않을지 몰라도 한 가지 분명한 사실은 시간이 흐를수록 당신
이 느낄 손해가 커진다는 것이다. 그러니 이미 한 번 잘못된 결정
을 내렸다면, 그 결정이 잘못된 줄 알면서도 애써 진실을 외면하
면 안 된다는 것이다. 최대한 올바른 결정을 내리면 좋겠지만 이

209

미 내린 결정이 올바르지 않다는 생각이 들면 재빨리 결정을 번복하고 다른 길로 들어설 줄 아는 태도가 필요하다.

내가 아는 친구 하나는 매주 집 앞으로 배달되는 대형마트 전단지를 보며 필요한 물건을 구입한다. 하루는 그 친구와 함께 마트에 갔다. 친구의 이번 목적은 '1+1 행사'를 하는 고추장을 구입하는 것이었다. 때마침 주말이라서 차를 몰고 갔던 우리는 주차하는 데 꽤 애를 먹어야 했다. 어렵게 주차를 하고, 고추장이 있는 매대를 찾았다. 그런데 고추장이 있어야 할 매대는 텅 비어 있었고, 그 앞에는 '품절'이라는 푯말이 붙어 있었다. 물론 전단지에는 조기 품절될 수 있다고 써 있었지만 친구는 화가 났는지 점원에게 따졌다. 하지만 그렇다고 없는 고추장이 생기는 것은 아니었다.

친구는 순간 망설이는 것 같았다. 그의 머릿속에는 이런 생각들이 나고 있을 것이다. '고추장 하나 사려고 어렵게 주차하고 왔는데 그냥 가면 손해 아닐까?', '집에 고추장이 다 떨어져가니까 사야 하는 거 아닐까?', '처음 생각했던 1+1은 아니지만 그래도 집 앞 슈퍼보다는 싸게 파는데 하나 살까?' 등의 생각이 고추장을 구매하도록 만들 것이다. 물론 그는 애초에 1+1이 아니면 고추장을 살 생각이 없었음에도 말이다.

하지만 내가 알고 있는 바에 의하면 그의 집에 있는 고추장은 앞으로 한 달 이상은 먹을 수 있었고, 한 달의 기간이라면 세일을 자주 하는 마트의 특성상 1+1의 또 다른 기회가 있을 것이다. 나는 애초에 마음에 없던 고추장을 들고 계산하려는 친구에게 질문 하나를 던졌다. 이내 친구는 고추장을 내려놓고 구매하지 않기로 결정했다. 친구의 결정을 바꾼 그 질문은 이것이다.

"만약 네가 사려던 1+1 고추장이 품절이었다는 것을 알고 있 었다면, 이 사람 많은 날에 굳이 네가 마트에 와서 싸지도 않은 고추장을 샀겠니?"

친구의 반응은 재빨랐다. 분명한 질문이었고 확실한 답이 있기 때문이다. 이 사례는 겨우 고추장 하나의 문제지만 만약 이것보다 더 중요한 상황에 처했을 때 위의 경우처럼 그냥 넘어간다면, 평 생을 두고 볼 때 당신이 겪어야 할 손해는 이만저만이 아닐 것이 다. 자신의 결정이 뭔가 찜찜하거나 상황이 생각대로 돌아가고 있 지 않다고 느낄 때, '만약 ~했더라도 나는 ~을 선택했을까?'와 같은 방식으로 물어보라. 그리고 당신의 처음 마음을 생각해보면 된다. 그 질문이 당신이 최악의 상황으로 가지 않도록 도와줄 것 이다.

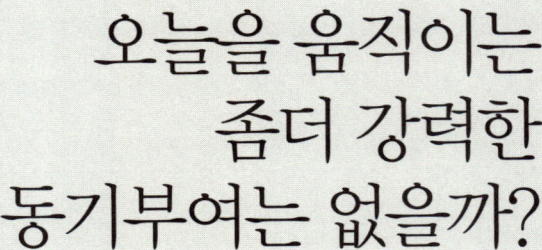

오늘을 움직이는
좀더 강력한
동기부여는 없을까?

우리는 스스로 잘 느끼지 못하지만 태어난 이후로 끊임없이 누군가에 의해 동기부여를 받고 있다. 돌이 지나 처음 걷기 시작했을 때는 박수를 쳐주며 응원을 하는 부모에게 동기부여를 받았고, 초등학교 시절에는 청소를 잘해도, 발표를 잘해도 상을 주는 등 이루 헤아릴 수 없는 많은 상을 받으며 동기부여가 되었다. 물론 사회에 나와서도 동기부여는 멈추지 않는다.

생각해보라. 성과가 좋은 직원에게 인센티브를 주는 것은 회사가 그저 그 직원에게 고마움을 표현하는 게 아니다. 만약 고마움의 표현이었다면 다른 직원들 몰래 지급했을 것이다. 하지만 대기업들은 부서별로도 인센티브 지급에 차별을 둘 정도다. 그래서 같은 직급이라도 연봉이 두 배 이상 차이가 나는 경우도 있다. 하지만 이런 차이가 조금 뒤떨어진 직원을 자극하고 앞서가는 직원에게 더욱 동기부여를 줄 수 있다면 기업으로서는 적은 금액을 통해회사의 모든 직원들에게 동기부여를 할 수 있으니 오히려 이득인셈이다. 결국 우리는 자각하진 못해도 나이에 맞는 동기부여를 받으며 사는 셈이다.

성공을 위해 동기부여를 하고 싶다면 '모든 것이 더 나빠지기전에 뭔가를 해야만 하지 않을까?'처럼 자신을 압박하는 질문대신 '나는 분명 이것을 실현할 것이다. 실현된 그 순간을 상상하면얼마나 기쁠까?'를 자신에게 물어야 한다. 무엇인가를 해야만 하는 의무가 아니라 하고 싶다는 자발적인 의지에서 나오는 동기부여를 가진 사람이 훨씬 쉽게 성공한다. 그처럼 동기부여를 하는것은 어려운 일이 아니다. 물을 먹는 사람은 갈증에 의해 동기부여가 된 사람이라고 볼 수 있다. 당신은 그 갈증을 찾아내면 된다.당신의 갈증은 무엇인가? 그 질문을 던져라.

"나는 3년 안에 꼭 승진하고 싶다. 그래서 자기계발을 하고 싶다."

당신의 갈증이 담긴 좋은 동기부여다. 당신 안에 새긴 목표를 향해 가는 모습이 선명하게 그려져 동기부여를 잘해주는 질문이다. 반대로 아래의 질문을 살펴보자.

"나는 자기계발을 해야만 한다. 그렇지 않으면 승진할 수 없다."

이는 반대로 부정적인 동기부여를 하는 질문이다. 필요 때문에 어쩔 수 없이 인상을 쓰면서 일하는 사람의 모습이 그려진다. 이 두 사람의 결과는 분명하다. 필요 때문이 아니라 스스로 원해서 일에 몰두하는 사람이 최고의 성과를 만들어낼 수밖에 없다. 최고의 동기부여는 '해야 한다'가 아니라 '하고 싶다'는 생각에서 나온다. 그리고 '내가 피하고 싶은 것'이 아니라 '내가 얻고 싶은 것'을 생각하는 데서 나온다.

하지만 만약 초기의 질문을 통해 동기부여가 되지 않는다면 당신을 움직일 수 있는 좀 더 강력한 동기부여가 필요하다. 앞서 예를 들었듯 당신의 갈증을 최고로 만들 동기부여가 필요하다. "물 좀 마시고 싶네"와 "물을 마시지 않으면 미쳐버릴 것 같아"라는 표현은 전혀 다르다. 후자의 동기부여가 훨씬 더 강력하게 당신의 몸을 이끌 것이다. 그래도 동기부여가 되지 않아 이보다 더 강력한 동기부여를 원한다면 이런 질문을 던져보라.

"이 일을 통해 나는 무엇을 얻을 수 있나?"

갈증 때문에 움직이는 것 역시 물을 마신 다음의 상쾌하고, 행복한 기분을 상상하기 때문이다. 행동한 다음에 얻을 수 있는 결과를 생각하며 질문해보면 더욱 강력한 동기부여가 된다.

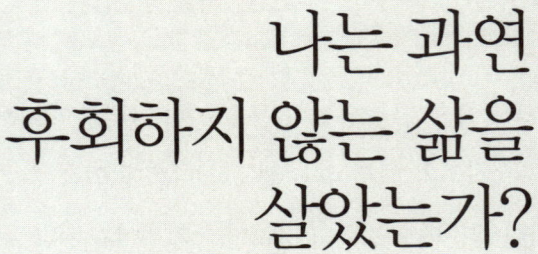

나는 과연
후회하지 않는 삶을
살았는가?

당신은 먼 훗날 인생을 뒤돌아보면서 어떤 생각을 하고 싶은가? 하지도 않았던 일을 후회하고 싶은가? 아니면 했던 일을 후회하고 싶은가? 과거를 돌아보며 '그때 왜 그 일을 하지 않았을까?'라는 후회를 남기지 않으려면 지금 이 순간 내가 하는 일에 후회를 남기지 않아야 한다.

　무슨 일이든지 하고 싶은 일이 생기면 나중을 생각하지 말고 일단 도전해보자. 실패해도 상관없다. 적어도 시간이 흐른 뒤에 그 일을 시도해보지 못한 데서 오는 후회는 없을 테니 말이다. 할까 말까를 고민하며 흘려보내는 시간은 우리에게 큰 후회로 남지만 비록 실패하더라도 시도했던 경험은 삶을 통해 큰 가르침으로 남는다.

나는 새로운 사람을 만날 때마다 이 사람이 후회 없는 인생을 살 수 있는 사람인지 아닌지를 판단하기 위해 반드시 묻는 질문이 하나 있다.

"회사에서 당신의 꿈은 무엇입니까?"

질문은 너무나 간단하지만 다양한 대답이 나온다.

"요즘 같은 시기에 뭐 별다를 게 있나요. 그냥 버티는 거죠. 뭐……."
"남들이 과장 달 때 과장하고, 부장할 때 부장하는 거요. 그저 남들처럼만."

하지만 내가 가장 자극을 받고, 이 사람이라면 분명 후회 없는 인생을 살 것 같다는 인상을 받는 대답은 바로 이 짧지만 강렬한 대답이다.

"사장이 되는 겁니다!"

　　그냥 버티는 게 꿈이라는 사람과 남들처럼만 회사생활을 하고 싶다는 사람에게는 전혀 삶의 의욕이나 힘을 느낄 수가 없다. 죽은 사람과 마찬가지다. 하지만 사장을 목표로 일하는 사람을 만나면 곁에 있는 사람에게까지 영향을 미치는 폭발적인 힘을 느낄 수 있다. 그리고 그런 사람들이 최고의 성과를 내고, 마침내 임원이 되고 승승장구한다.

　　한 번 사는 인생, 그럭저럭 살고 싶은가? 어차피 꾸는 꿈이라면 좀 더 크고 높은 꿈을 꾸어라. 그래야 그 꿈이 깨져도 조각이 크다. 그리고 그 큰 조각만으로도 남들 이상의 꿈을 실현할 수 있다. 하지만 불행하게도 작은 꿈에 만족하는 사람은 작은 성공 안에 머물게 된다. 꿈이 크면 클수록 자신의 한계를 뛰어 넘기 위해 더욱더 노력하게 된다. 그러면 후회하지 않는 인생을 만들 수 있을 것이다.

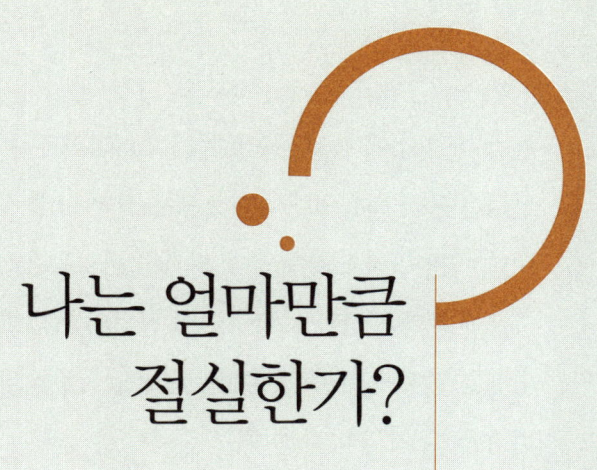

나는 얼마만큼
절실한가?

당신은 아직도 고민하고 있는가? 이제 고민은 그만두자. 당신은 못하는 게 아니라 안 하기 때문에 못하는 것이다. 당신도 당신의 인생을 살 수 있다. 당신이 만약 누군가에게 얹혀살고 있다면, 그럴 수밖에 없기 때문에 얹혀사는 게 아니라 단지 그게 편하기 때문에 그러고 있을 가능성이 많다.

모든 것은 당신이 하지 않기 때문에 일어난다. 그렇다고 "누가 제발 내 열정에 불 좀 질러줘"라는 어리석은 이야기는 하지 마라. 열정은 누군가에 의해서 타오르는 게 아니라 스스로 타오르는 것이다. 열정마저도 수동적이 되기를 바라는가? 혼자 살기도 바쁜 세상에 누가 시간과 노력을 들여 타인의 인생에 불을 지피겠는가. 당신은 편하게 누워 있는데 누군가 당신을 위해 보일러를 켜주기 바라는 것인가? 다시 한 번 자신에게 물어봐라.

'나는 도대체 왜 사는 걸까?'
'내가 뭘 잘할 수 있을까?'
'내가 그렇게 무능한가?'
'남들처럼 잘살 수 있을까?'

지난 2009년 8월 25일에 한국 최초의 우주발사체인 나로호가 발사되었다. 나는 그 장면을 보며 경이로움을 금치 못했다. 총 중량 140톤의 엄청난 규모를 하늘 위로 끌어올리기 위해서 얼마나 많은 에너지가 필요할까? 드디어 발사 신호가 떨어지고, 33미터의 길이에 140톤의 나로호가 엄청난 굉음을 내며 하늘로 도약하는 장면을 바라보다가 나는 그만 눈물을 흘리고 말았다.

남아 있는 과정이 모두 순조롭게 진행되면, 우리나라는 자체 개발한 위성을 자국에서 발사한 국가들의 모임인 '스페이스 클럽'에 열 번째로 가입하게 된다. 한국 국민으로서 자랑스러운 일

220

이다. 그러나 미안하지만 나는 그런 이유로 감격하고 눈물을 흘린 것은 아니었다.

　나는 저 무거운 나로호의 규모가 이 시대를 살아가는 우리네 삶의 무게처럼 느껴졌다. 엄청난 힘으로 우리를 짓누르는 세상의 무게를 이겨내기 위해 우리들에겐 얼마나 많은 에너지가 필요했는지, 나는 나로호를 보며 우리를 보고 나를 보았다.

　우리는 모두 로켓이다. 우리는 매일 발사된다. 매일 아침 무거운 몸을 이끌고 밖으로 나가 저마다 삶의 현장에서 엄청난 에너지로 무게를 이겨낸다. 언젠가는 나로호처럼 저 하늘 먼 우주에 도달할 수 있기를 바라며, 내가 꿈꾸는 인생을 살 수 있을 거라는 믿음과 희망을 가지고 오늘도 내일도 발사된다.

　희망이 사라지지 않게 만드는 힘이 바로 열정이다. 나로호에 관계된 연구원들이 10년이 넘는 연구 기간을 견딜 수 있었던 것은 그들의 과학 지식이 아닌 나로호에 대한 그들의 열정 때문이었다. 커다란 성과를 내고 싶다면 지식보다는 열정이 필요하다. 만약 당신이 어디를 가든지 벽에 부딪치고, 제대로 되는 게 없다면 당신의 지식이나 학력을 의심하지 말고 열정을 의심해라. 열정이 없는 사람은 어디를 가도 벽에 부딪힐 수밖에 없다.

　빌 게이츠는 시간이 아까워서 한 번에 두 가지 일을 동시에 하기도 하고, 심지어는 씻는 시간까지 아까워했다고 한다. 그 결과 빌 게이츠는 단돈 1500달러로 세상을 뒤흔들었다. 빌 게이츠가 위대한 이유는 큰 성공을 한 까닭도 아니고, 엄청난 기부를 하기 때문도 아니다. 바로 그의 열정이다. 에디슨에게서 창의력을 걷어내고 스티브 잡스에게서 프레젠테이션 능력을 걷어내고, 워렌 버핏에게서 투자력을 걷어내면 남는 것은 열정 하나뿐이다. 먼 훗날 그들은 부자도, 과학자도 아닌 그저 열정이 가득했던 사람으로 기억될 것이다.

비록 나로호가 정상궤도 진입에 실패했지만 그건 중요하지 않다. 열정을 아는 사람은 안다. 나로호는 140톤의 무게를 이기고 저 먼 우주에 정착하는 것이 성공으로 끝날 때까지 다시 발사되고, 또다시 발사될 것이기 때문이다.

"우리가 뭐 그렇지", "저거 돈이 얼마나 많이 들었는데"라고 말하며 자신이 사는 나라에 대해 불평만 하는 사람은 열정을 모르는 사람들이다. 단 한 번도 열정을 가져본 적이 없는 사람들이다. 그리하여 불가능해 보이는 어떤 일을 성공으로 이끌었던 경험이 없는 사람들이다. 열정이 있다면 그 일을 성공하기 전까지 끝이란 있을 수 없다. 내일의 열정을 기약하는 질문을 던지며 또다시 희망을 안고 발사되는 당신의 삶을 꿈꿔라.

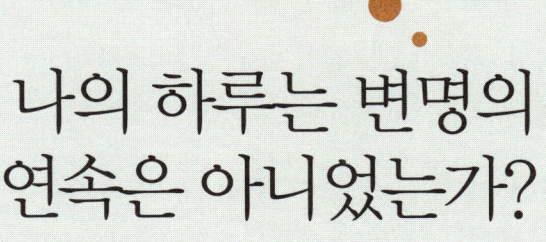

나의 하루는 변명의
연속은 아니었는가?

쓸데없는 변명은 가능한 일을 불가능한 일로 만들어버린다. 천 권의 책을 읽고 싶은데 직장에서 매일 야근하는 바람에 그럴 시간이 없다고, 가난한 집안 살림 때문에 돈이 없어 책을 살 여유가 없다고 해서 책을 읽고자 하는 마음까지 사라지게 해서는 안 된다. 변명을 접고 일단 지금 할 수 있는 일부터 찾아봐야 한다.

먼저 책을 사기 위해 저금을 한다거나 출퇴근길에 시간을 내어 조금씩이라도 책을 읽어 나가야 한다. 천 권의 책을 읽는 게 불가능하다고 그 마음까지 잃는다면 당신은 모든 것을 잃는 것이다. 실현 불가능한 것들 때문에 괜히 변명만 늘어놓지 말고, 일단 가능한 것들을 찾아 조금씩 불가능을 가능한 것으로 만들어 나가는 자세가 필요하다.

성공하지 못하는 사람들의 삶에는 '변명'이라는 공통점이 있다. 어떤 일에 실패할 때마다 스스로에게 변명의 질문을 던지며 자신을 위로한다. 물론 그걸로 당장의 슬픔을 가라앉힐 수는 있지만 장기적으로는 자신의 단점을 계속 끌고 가는 것이기 때문에 도움이 되지 않는다. 언젠가는 극복해야 할 것이라면 변명이 아닌 실력으로 극복하는 자세가 필요하다.

살면서 자주 반복하는 변명의 질문 열 개를 나열해보려 한다. 읽으면서 그간 자신의 행동이나 생각이 부끄러울 수도 있을 것이다. 하지만 그런 순간이 앞으로 당신의 인생에 좋은 약이 되어줄 것이다.

- 만약 내가 더 좋은 집안에서 태어났다면 더 멋진 이성과 교제할 수 있지 않았을까?
- 더 좋은 회사에 다녔다면 훨씬 좋은 대우를 받을 수 있지 않았을까?
- 10년만 더 젊었어도 저 사람을 이길 수 있지 않았을까?

- 살만 안 쪘어도 취직할 수 있지 않았을까?
- 내 환경이 좋았다면 좀 더 성공할 수 있지 않았을까?
- 저축한 게 조금만 있었다면 집을 살 수 있지 않았을까?
- 조금만 더 시간이 있었더라면 할 수 있지 않았을까?
- 더 좋은 대학을 졸업했다면 더 빨리 승진할 수 있지 않았을까?
- 누가 나를 조금만 도와줬다면 더 잘될 수 있지 않았을까?
- 좀 더 좋은 배우자랑 결혼했다면 더 좋은 환경에서 살 수 있지 않았을까?

위의 질문을 읽으며 어떤 생각을 했는가? 누구나 조금씩 변명의 질문을 하고 살고 있다. 사람은 왜 변명을 하는 것일까? 약점을 숨기기 위해 변명을 하는 행위는 자신을 바보로 만드는 것이다. 변명을 생각할 시간이 있다면 그 시간에 약점을 개선하기 위해 노력하는 편이 현명하다. 그게 인생에 더 큰 도움이 된다.

플라톤은 "가장 재빠르고 가장 가치 있는 승리는 자신을 정복하는 일이다. 또 자기 자신에게 정복되는 것은 가장 수치스럽고 비열한 것이다"라고 말했다. 변명을 일삼는 것은 자기 자신에게 정복되는 것과 같다. 세상에서 가장 추한 것을 왜 자신에게 주입하려 하는가? 만일 당신이 변명을 하지 않고, 솔직한 자신의 모습과 마주할 자신이 있다면 머지않아 당신의 약점은 보완될 것이며 절대 무너지지 않는 멋진 인생을 살 수 있을 것이다.

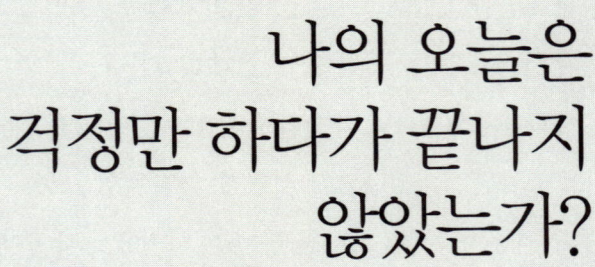

나의 오늘은
걱정만 하다가 끝나지
않았는가?

중요한 일을 앞두면 누구나 긴장하고 걱정한다. 이때 대부분의 사람들은 걱정을 그 일에 대한 준비라고 생각하는데 걱정은 결코 준비가 아니다. 걱정은 아직 일어나지도 않은 실패를 미리 생각하기 때문에 하는 행위다. 실패를 걱정하는 건 준비가 아니다. 일을 하기도 전에 실패를 생각하면 그것은 전쟁터에 나가 스스로 목숨을 끊는 것과 다르지 않다.

'걱정'은 주로 '짐작' 때문에 일어난다. '만약에'라는 가정으로 생각하는 모든 것들이 짐작이 되고 걱정이 되는 것이다. 중요한 일을 앞두고 '만약에'라는 생각을 하지 않기란 쉽지 않다. 어쩔 수 없이 '만약에'라는 생각을 할 수밖에 없다면 부정적인 쪽이 아닌 긍정적인 방향으로 생각을 진전하는 게 좋다.

　"만약에 그게 안 되면 어쩌지?" 대신에 "만약에 그것까지 된다면 완벽하지 않을까?"라고 질문하여 긍정적인 짐작을 할 수 있도록 하라. 공연한 걱정으로 시간을 낭비하지 마라. 상황을 분석하고 어떻게 하면 해결책을 찾을 수 있을지에 전념하는 편이 일을 해결하기 위한 올바른 수순이다. 그게 진정한 준비다.

　세상에서 가장 강력한 성공의 주문은 실행이다. 언제 시작할까를 생각하는 게 아니라 지금 당장 시작하는 게 가장 강력한 성공 요인이다. 이 주문은 강력한 시동 장치이므로 일을 미루고 싶은 생각이 들거나 그만두고 싶은 생각이 들 때마다 상기해야 한다. 당신이 죽을 때까지 일은 절대 끝나지 않는다. 일은 바닥을 보이지 않는다. 당신의 나태한 태도가 당신 눈앞에서만 일을 사라지게 만든 것일 뿐 해야 할 일은 언제나 쌓여 있다.

　이제 더 이상 일어나지도 않은 일에 쓸데없는 걱정을 하지 말고, 지금 당장 당신의 일을 시작하라! 당신이 귀찮다고 느끼며 미루고 있거나 괜한 걱정을 하고 있는 그 일을 당장 시작해야 한다. 그렇게 하지 않으면 그 일은 평생 하기 싫은 일로 남아 있을 수 있다. 당신이 기억해야 할 사실은 하고 싶은 일이 아닌 하기 싫은 일을 더 자주 하는 사람에게 성공이 찾아온다는 것이다. 게으름을 습관화하는 것은 실패를 습관화하는 것과 같다. 당신은 그런 삶을 원하는가? 무너진 삶을 일으키고 싶다면, 더 높이 일어선 그 멋진 모습을 사람들에게 보이고 싶다면 지금 당장 시작해야 한다.

물론 당신이 선택한 그 길을 걷는 동안 당신 앞에 나타날 수많은 고난이 걱정될 것이다. 하지만 훗날 성과가 고통에 대한 보상이 될 거라는 자명한 사실을 믿어라. 당신과 같은 길을 걷다 포기했던 많은 사람들이 자신의 선택을 후회하며 당신에게 그래도 당신은 계속 가라고 속삭인다. 걷다 생긴 상처는 그냥 상처가 아니다. 길을 걷다 생긴 상처는 성공으로 가는 통행권이자 우대권이다. 어디선가 무너져 쓰러져 있는 그대여 다시 길 위에 서라. 그리고 당신의 가장 강력한 엔진에 시동을 걸고, 당신의 삶이 세상에서 가장 향기롭게 빛나게 만들라.

운명을 바꾸는 질문의 힘

사회적으로 성공한 다양한 부류의 많은 사람들을 만나며 어느 순
간 나는 이런 궁금증이 일었다.

"그들이 성공할 수 있었던 가장 큰 이유는 무엇인가?"

사실 세상을 살아가는 많은 사람들이 성공을 위해 노력한다.
때론 밤을 새우며 일하고 최종적으로 성공을 꿈꾼다. 하지만 그런
이들 중에 어떤 이는 성공하고 어떤 이는 그저 그런 삶을 살아간
다. 무엇이 이런 격차를 만들었을까? 그리고 성공한 사람들의 공
통점은 무엇일까?

229

이를 파헤치기 위해 나는 내가 알고 있는 사람들을 인터뷰하기도 하고, 역사 속의 인물들을 연구하며 자신의 분야에서 일가를 이룬 이들의 비법이 무엇인지 밝혀내려 애썼다. 쉽지 않은 작업이었다. 겉으로 보기에 성공한 이들은 공통점이 없어 보였다. 뚱뚱한 사람이 있는가 하면 삐쩍 마른 사람이 있었고, 외향적인 성격의 사람도, 수줍음을 타는 사람도 있었다. 또 걱정이 많은 사람도 있었고, 천하태평으로 사는 사람도 있었다. 하지만 나는 좀 더 연구를 지속하기로 했고, 결국 그들이 성공한 이유의 공통된 출발점을 찾을 수 있었다.

"그것은 질문이었다."

돈을 많이 벌거나, 명예로운 지위를 얻거나, 새로운 기록을 세우거나, 세계가 깜짝 놀랄 새로운 치료법을 개발한 이들에게는 그들이 성취할 수 있도록 만든 질문이 있었다. 세상 모든 결과물의 시작은 질문이다. 질문이 없다면 세상엔 아무것도 존재하지 않았을 것이다. 만약 이 책을 읽고 있는 당신에게 성취의 경험이 없다거나 주위에서 늘 "넌 정말 능력이 없는 것 같아"라는 소리를 듣는다면 당신에게 정말 능력이 없는지를 생각하기 전에 당신에게 질문이 있는지 없는지 그것을 먼저 의심해봐야 한다. 당신 안에 수백 개의 능력이 있다고 해도 능력을 불러낼 질문이 없다면 무능력자로 살 수밖에 없기 때문이다.

나는 더 많은 독자들에게 양질의 정보를 주고 싶은 마음으로 집필에 임했다. 그래서 되도록 전문용어를 쓰지 않고, 반드시 필요한 정보를 가장 쉬운 언어로 표현하고자 했다. 그만큼 이 책에 많은 애정을 가지고 있다. 질문에 대한 연구를 통해 만든 이 책은 이 세상의 모든 성취와 성공에 대한 역사의 기록이라 할 수 있다. 그러므로 많은 독자들이 책을 읽고 조금이라도 삶의 변화를 성취할 수 있다면 정말 행복하겠다.

이제 당신의 가슴에 손을 대고 느껴보자. 만약 당신의 가슴속에서 어떤 소망이 강렬하게 불타오른다면 당신의 가슴은 이미 뜨거운 질문으로 가득 차 있는 것이다.

다시 한 번 당부하겠다. "당신은 언제까지 구경만 할 생각인가?" 우리는 지금까지 정말 지겨울 정도로 많은 사람들이 성공하는 모습을 구경만 해왔다. 누군가 달려가면 그가 달려가는 모습을 바라보며 "왜 달릴까?", "어디로 달려가는 것일까?"라는 질문을 던져왔다. 하지만 이제 그들을 바라보는 것을 멈추고, 당신이 한 번 달려보라. 당신이 성공의 주인공이 돼보라. 당신이 달리면 사람들이 당신을 구경하기 시작할 것이다. 상상해보라. 많은 사람들이 당신의 성공을 구경하는 광경을 말이다. 이 책을 통해 삶이 조금이라도 변한 여러분의 성공을 구경할 수 있기를 바라며 글을 맺는다.

당신은
당신의 무너진 삶을 일으켜 줄
질문을 가지고 있는가?